POÉTICA

O livro é a porta que se abre para a realização do homem.

Jair Lot Vieira

ARISTÓTELES

POÉTICA

TRADUÇÃO, TEXTOS ADICIONAIS E NOTAS
EDSON BINI
Estudou Filosofia na Faculdade de Filosofia,
Letras e Ciências Humanas da USP.
É tradutor há mais de 40 anos.

Copyright da tradução e desta edição © 2011 by Edipro Edições Profissionais Ltda.

Todos os direitos reservados. Nenhuma parte deste livro poderá ser reproduzida ou transmitida de qualquer forma ou por quaisquer meios, eletrônicos ou mecânicos, incluindo fotocópia, gravação ou qualquer sistema de armazenamento e recuperação de informações, sem permissão por escrito do editor.

Grafia conforme o novo Acordo Ortográfico da Língua Portuguesa.

1ª edição, 2ª reimpressão 2023.

Editores: Jair Lot Vieira e Maíra Lot Vieira Micales
Produção editorial: Murilo Oliveira de Castro Coelho
Tradução, textos adicionais e notas: Edson Bini
Acentuação do grego: Stefania Sansone Bosco Giglio
Revisão: Fernanda Godoy Tarcinalli
Arte: Ana Laura Padovan, Karina Tenório e Simone Melz

Dados Internacionais de Catalogação na Publicação (CIP)
(Câmara Brasileira do Livro, SP, Brasil)

Aristóteles (384-322 a.C.)
   Poética / Aristóteles ; tradução, textos adicionais e notas Edson Bini. – São Paulo : Edipro, 2011. – (Clássicos Edipro)

   Título original: ΠΕΡΙ ΠΟΙΗΤΙΚΗΣ.
   Bibliografia.
   ISBN 978-85-7283-759-0

   1. Aristóteles – Poética 2. Filosofia antiga 3. Poética I. Bini, Edson. II. Título. III. Série.

11-02604   CDD-185

Índice para catálogo sistemático:
1. Poética : Filosofia aristotélica : 185

São Paulo: (11) 3107-7050 • Bauru: (14) 3234-4121
www.edipro.com.br • edipro@edipro.com.br
 @editoraedipro   @editoraedipro

SUMÁRIO

CONSIDERAÇÕES DO TRADUTOR | 7

DADOS BIOGRÁFICOS | 9

ARISTÓTELES: SUA OBRA | 15

CRONOLOGIA | 33

POÉTICA | 35

CONSIDERAÇÕES DO
TRADUTOR

A DESPEITO DE ESTAR INCOMPLETA, a *Poética* constitui um estudo sistemático e minucioso de, ao menos, duas formas importantíssimas da poesia: a trágica e a épica.

Aristóteles apresenta com muita clareza e precisão uma história descritiva da tragédia e da epopeia, paralelamente a uma análise e crítica de vários autores gregos dessas formas poéticas.

Além disso, a *Poética*, tal como a *Retórica*, tem também nítido cunho formativo, pois o mestre do Liceu proporciona lições e instruções, principalmente no desenrolar de sua análise comparativa, aos eventuais aprendizes da poesia trágica e da épica.

Aristóteles finaliza esse estudo com uma avaliação qualitativa entre tragédia e epopeia.

No que toca ao nosso critério de tradução, lembramos ao leitor que pautamos nosso trabalho pela regra de trilhar o caminho mediano entre a literalidade e a paráfrase, considerando uma e outra, isoladamente, inconvenientes, principalmente em uma tradução cujo objetivo é meramente didático e humanisticamente formativo, e não erudito.

Os eventuais termos entre colchetes procuram completar conjeturalmente ideias onde ocorrem hiatos que comprometem a compreensão.

As notas têm, em consonância com o caráter didático e formativo da edição, função de suporte instrucional, sendo tão só elucidativas e informativas e, muito raramente, críticas.

O texto grego que nos serviu de base foi o de R. Kassel, embora tenhamos consultado ocasionalmente textos de outros helenistas.

8 | POÉTICA

Fizemos constar à margem esquerda das páginas a numeração da edição referencial de I. Bekker de 1831, a nosso ver instrumento utilíssimo e imprescindível na facilitação das consultas.

Solicitamos ao leitor – legítimo juiz de nosso trabalho – que manifeste sua opinião, não só por meio de elogios, como também críticas, para que possamos reparar possíveis falhas e aprimorar as edições vindouras.

DADOS
BIOGRÁFICOS

ARISTÓTELES NASCEU EM ESTAGIRA, cidade localizada no litoral noroeste da península da Calcídia, cerca de trezentos quilômetros a norte de Atenas. O ano de seu nascimento é duvidoso – 385 ou, mais provavelmente, 384 a.C. Filho de Nicômaco e Féstias, seu pai era médico e membro da fraternidade ou corporação dos *Asclepíades* (Ἀσκληπιάδαι, ou seja, *filhos ou descendentes de Asclépios*, o deus da medicina). A arte médica era transmitida de pai para filho.

Médico particular de Amintas II (rei da Macedônia e avô de Alexandre), Nicômaco morreu quando Aristóteles tinha apenas sete anos, tendo desde então o menino sido educado por seu tio Proxeno.

Os fatos sobre a infância, a adolescência e a juventude de Aristóteles são escassos e dúbios. Presume-se que, durante o brevíssimo período que conviveu com o pai, este o tenha levado a Pela, capital da Macedônia ao norte da Grécia, e tenha sido iniciado nos rudimentos da medicina pelo pai e o tio. O fato indiscutível e relevante é que, aos 17 ou 18 anos, o jovem Estagirita se transferiu para Atenas e durante cerca de dezenove anos frequentou a *Academia* de Platão, deixando-a somente após a morte do mestre em 347 a.C., embora Diógenes Laércio (o maior dos biógrafos de Aristóteles, na antiguidade) afirme que ele a deixou enquanto Platão ainda era vivo.

Não há dúvida de que Aristóteles desenvolveu laços de amizade com seu mestre e foi um de seus discípulos favoritos. Mas foi Espeusipo que herdou a direção da Academia.

O leitor nos permitirá aqui uma ligeira digressão.

Espeusipo, inspirado no último e mais extenso diálogo de Platão (*As Leis*), conferiu à Academia um norteamento franca e profundamente marcado pelo

10 | POÉTICA

orfismo pitagórico, o que resultou na rápida transformação da Academia platônica em um estabelecimento em que predominava o estudo e o ensino das matemáticas, trabalhando-se mais elementos de reflexão e princípios pitagóricos do que propriamente platônicos.

Divergindo frontalmente dessa orientação matematizante e mística da filosofia, Aristóteles abandonou a Academia acompanhado de outro discípulo de Platão, Xenócrates, o qual, contudo, retornaria posteriormente à Academia, aliando-se à orientação pitagorizante de Espeusipo, mas desenvolvendo uma concepção própria.

Os "fatos" que se seguem imediatamente se acham sob uma nuvem de obscuridade, dando margem a conjeturas discutíveis.

Alguns autores pretendem que, logo após ter deixado a Academia, Aristóteles abriu uma Escola de retórica com o intuito de concorrer com a famosa Escola de retórica de Isócrates. Entre os discípulos do Estagirita estaria o abastado Hérmias, que pouco tempo depois se tornaria tirano de Atarneu (ou Aterna), cidade-Estado grega na região da Eólida.

Outros autores, como o próprio Diógenes Laércio, preferem ignorar a hipótese da existência de tal Escola e não entrar em minúcias quanto às circunstâncias do início do relacionamento entre Aristóteles e Hérmias.

Diógenes Laércio limita-se a afirmar que alguns supunham que o eunuco Hérmias era um favorito de Aristóteles, e outros, diferentemente, sustentam que o relacionamento e o parentesco criados entre eles foram devidos ao casamento de Aristóteles com Pítia – filha adotiva, irmã ou sobrinha de Hérmias – não se sabe ao certo.

Um terceiro partido opta por omitir tal Escola e associa o encontro de Aristóteles com Hérmias indiretamente a dois discípulos de Platão e amigos do Estagirita, a saber, Erasto e Corisco, que haviam redigido uma Constituição para Hérmias e recebido apoio deste para fundar uma Escola platônica em Assos, junto a Atarneu.

O fato incontestável é que nosso filósofo (Aristóteles) conheceu o rico Hérmias, durante três anos ensinou na Escola platônica de Assos, patrocinada por ele, e em 344 a.C. desposou Pítia.

Nessa Escola, nosso filósofo conheceu Teofrasto, que se tornaria o maior de seus discípulos. Pertence a esse período incipiente o primeiro trabalho filosófico de Aristóteles: *Da Filosofia*.

Após a invasão de Atarneu pelos persas e o assassinato de Hérmias, ocasião em que, segundo alguns autores, Aristóteles salvou a vida de Pítia providen-

DADOS BIOGRÁFICOS | 11

ciando sua fuga, dirigiu-se ele a Mitilene na ilha de Lesbos. Pouco tempo depois (em 343 ou 342 a.C.), aceitava a proposta de Filipe II para ser o preceptor de seu filho, Alexandre (então com treze anos) mudando-se para Pela. Na fase de Pela, o Estagirita escreveu duas obras que só sobreviveram fragmentariamente e em caráter transitório: *Da Monarquia* e *Da Colonização*. Nosso filósofo teria iniciado, também nesse período, a colossal *Constituições*, contendo a descrição e o estudo de 158 (ou, ao menos, 125) formas de governo em prática em toda a Grécia (desse alentadíssimo trabalho só restou para a posteridade a *Constituição de Atenas*).

Depois de haver subjugado várias cidades helênicas da costa do mar Egeu, e inclusive ter destruído Estagira (que ele próprio permitiria depois que fosse reconstruída por Aristóteles), Filipe II finalmente tomou Atenas e Tebas na célebre batalha de Queroneia, em 338 a.C.

Indiferente a esses fatos militares e políticos, o Estagirita prosseguiu como educador de Alexandre até a morte de Filipe e o início do reinado de Alexandre (335 a.C.). Retornou então a Atenas e fundou nesse mesmo ano sua Escola no Λύκειον (*Lýkeion – Liceu*), que era um ginásio localizado no nordeste de Atenas, junto ao templo de Apolo Lício, deus da luz, ou Λύκειος (*Lýkeios* – literalmente, *destruidor de lobos*).

O Liceu (já que o lugar emprestou seu nome à Escola de Aristóteles) situava-se em meio a um bosque (consagrado às Musas e a Apolo Lício) e era formado por um prédio, um jardim e uma alameda adequada ao passeio de pessoas que costumavam realizar uma *conversação caminhando* (περίπατος – *perípatos*), daí a filosofia aristotélica ser igualmente denominada filosofia *peripatética*, e sua Escola, Escola *peripatética*, referindo-se à tal alameda e especialmente ao hábito de o Estagirita e seus discípulos andarem por ali discutindo questões filosóficas.

A despeito de estar em Atenas, nosso filósofo permanecia informado das manobras político-militares de Alexandre por meio do chanceler macedônio e amigo, Antipater.

O período do Liceu (335-323 a.C.) foi, sem qualquer dúvida, o mais produtivo e fecundo na vida do filósofo de Estagira. Ele conjugava uma intensa atividade intelectual entre o ensino na Escola e a redação de suas obras. Durante a manhã, Aristóteles ministrava aulas restritas aos discípulos mais avançados, os chamados cursos *esotéricos* ou *acroamáticos*, os quais versavam geralmente sobre temas mais complexos e profundos de lógica, matemática, física e metafísica. Nos períodos vespertino e noturno, Aristóteles dava cursos abertos, acessíveis ao grande público (*exotéricos*), via de regra, de dialética e retórica. Teofrasto e

12 | POÉTICA

Eudemo, seus principais discípulos, atuavam como assistentes e monitores, reforçando a explicação das lições aos discípulos e as anotando para que o mestre, com base nelas, redigisse depois suas obras.

A distinção entre cursos esotéricos e exotéricos e a consequente separação dos discípulos não eram motivadas por qualquer diferença entre um ensino secreto místico, reservado apenas a *iniciados*, e um ensino meramente religioso, ministrado aos profanos, nos moldes, por exemplo, das instituições dos pitagóricos.

Essa distinção era puramente pragmática, no sentido de organizar os cursos por nível de dificuldade (didática) e, sobretudo, restringir os cursos exotéricos àquilo que despertava o interesse da grande maioria dos atenienses, a saber, a dialética e a retórica.

Nessa fase áurea do Liceu, nosso filósofo também montou uma biblioteca incomparável, constituída por centenas de manuscritos e mapas, e um museu, que era uma combinação de jardim botânico e jardim zoológico, com uma profusão de espécimes vegetais e animais oriundos de diversas partes do Império de Alexandre Magno.

Que se acresça, a propósito, que o *curriculum* para o aprendizado que Aristóteles fixou nessa época para o Liceu foi a base para o *curriculum* das Universidades europeias durante mais de dois mil anos, ou seja, até o século XIX.

A morte prematura de Alexandre em 323 a.C. trouxe à baila novamente, como trouxera em 338 na derrota de Queroneia, um forte ânimo patriótico em Atenas, encabeçado por Demóstenes (o mesmo grande orador que insistira tanto no passado recente sobre a ameaça de Filipe). Isso, naturalmente, gerou um acentuado e ardente sentimento antimacedônico. Como era de se esperar, essa animosidade atingiu todos os gregos que entretinham, de um modo ou outro, relações com os macedônios.

Nosso filósofo viu-se, então, em uma situação bastante delicada, pois não apenas residira em Pela durante anos, cuidando da educação do futuro senhor do Império, como conservara uma correspondência regular com Antipater (braço direito de Alexandre), com quem estreitara um fervoroso vínculo de amizade. As constantes e generosas contribuições de Alexandre ao acervo do Liceu (biblioteca e museu) haviam passado a ser observadas com desconfiança, bem como a amizade "suspeita" do aristocrático e conservador filósofo que nunca ocultara sua antipatia pela democracia ateniense e que, às vezes, era duro na sua crítica aos próprios atenienses, como quando teria dito que "os atenienses criaram o trigo e as leis, mas enquanto utilizam o primeiro, esquecem as segundas".

Se somarmos ainda a esse campo minado sob os pés do Estagirita o fato de

DADOS BIOGRÁFICOS | 13

o Liceu ser rivalizado pela nacionalista Academia de Espeusipo e a democrática Escola de retórica de Isócrates, não nos espantaremos ao constatar que, muito depressa, os cidadãos atenienses começaram a alimentar em seus corações a suspeita de que Aristóteles era um *traidor*.

Segundo Diógenes Laércio, Aristóteles teria sido mesmo acusado de impiedade (cometendo-a ao render culto a um mortal e o divinizando) pelo sumo sacerdote Eurimédon ou por Demófilo.

Antes que sucedesse o pior, o sisudo e imperturbável pensador optou pelo exílio voluntário e abandonou seu querido Liceu e Atenas em 322 ou 321 a.C., transferindo-se para Cálcis, na Eubeia, terra de sua mãe. No Liceu o sucederam Teofrasto, Estráton, Lícon de Troas, Dicearco, Aristóxeno e Aríston de Cós.

Teria dito que agia daquela maneira "para evitar que mais um crime fosse perpetrado contra a filosofia", referindo-se certamente a Sócrates.

Mas viveria pouquíssimo em Cálcis. Morreu no mesmo ano de 322 ou 321, aos 63 anos, provavelmente vitimado por uma enfermidade gástrica de que sofria há muito tempo. Diógenes Laércio supõe, diferentemente, que Aristóteles teria se suicidado tomando cicuta, exatamente o que Sócrates tivera que ingerir, um mês após sua condenação à morte.

Aristóteles foi casado uma segunda vez (Pítia encontrara a morte pouco depois do assassinato de seu protetor, o tirano Hérmias) com Hérpile, uma jovem, como ele, de Estagira, e que lhe deu uma filha e o filho Nicômaco.

O testamenteiro de Aristóteles foi Antipater, e reproduzimos aqui seu testamento conforme Diógenes Laércio, que declara em sua obra *Vida, Doutrina e Sentenças dos Filósofos Ilustres* "(...) haver tido a sorte de lê-lo (...)":

"Tudo sucederá para o melhor, mas, na ocorrência de alguma fatalidade, são registradas aqui as seguintes disposições de vontade de Aristóteles. Antipater será, para todos os efeitos, meu testamenteiro. Até a maioridade de Nicanor, desejo que Aristomeno, Timarco, Hiparco, Dióteles e Teofrasto (se aceitar e estiver capacitado para esta responsabilidade) sejam os tutores e curadores de meus filhos, de Hérpile e de todos os meus bens. Uma vez alcance minha filha a idade necessária, que seja concedida como esposa a Nicanor. Se algum mal abater-se sobre ela – prazam os deuses que não – antes ou depois de seu casamento, antes de ter filhos, caberá a Nicanor deliberar sobre meu filho e sobre meus bens, conforme a ele pareça digno de si e de mim. Nicanor assumirá o cuidado de minha filha e de meu filho Nicômaco, zelando para que nada lhes falte, sendo para eles tal como um pai e um irmão. Caso venha a suceder algo antes a Nicanor – que seja afastado para distante o agouro – antes ou depois de ter casado com

minha filha, antes de ter filhos, todas as suas deliberações serão executórias, e se, inclusive, for o desejo de Teofrasto viver com minha filha, que tudo seja como parecer melhor a Nicanor. Em caso contrário, os tutores decidirão com Antipater a respeito de minha filha e de meu filho, segundo o que lhes afigure mais apropriado. Deverão ainda os tutores e Nicanor considerar minhas relações com Hérpile (pois foi-me ela leal) e dela cuidar em todos os aspectos. Caso ela deseje um esposo, cuidarão para que seja concedida a um homem que não seja indigno de mim.

A ela deverão entregar, além daquilo que já lhe dei, um talento de prata retirado de minha herança, três escravas (se as quiser), a pequena escrava que já possuía e o pequeno Pirraio; e se desejar viver em Cálcis, a ela será dada a casa existente no jardim; se Estagira for de sua preferência, a ela caberá a casa de meus pais. De qualquer maneira, os tutores mobiliarão a casa do modo que lhes parecer mais próprio e satisfatório a Hérpile. A Nicanor também caberá a tarefa de fazer retornar dignamente à casa de seus pais o meu benjamim Myrmex, acompanhado de todos os dons que dele recebi. Que Ambracis seja libertada, dando-se-lhe por ocasião do casamento de minha filha quinhentas dracmas, bem como a menina que ela mantém como serva. A Tales dar-se-á, somando-se à menina que adquiriu, mil dracmas e uma pequena escrava. Para Simão, além do dinheiro que já lhe foi entregue para a compra de um escravo, deverá ser comprado um outro ou dar-lhe dinheiro. Tácon será libertado no dia da celebração do casamento de minha filha, e juntamente com ele Fílon, Olímpio e seu filho. Proíbo que quaisquer dos escravos que estavam a meu serviço sejam vendidos, más que sejam empregados; serão conservados até atingirem idade suficiente para serem libertados como mostra de recompensa por seu merecimento. Cuidar-se-ão também das estátuas que encomendei a Grilion. Uma vez prontas, serão consagradas. Essas estátuas são aquelas de Nicanor, de Proxeno, que era desígnio fazer, e a da mãe de Nicanor. A de Arimnesto, cuja confecção já findou, será consagrada para o não desaparecimento de sua memória, visto que morreu sem filhos. A imagem de minha mãe será instalada no templo de Deméter em Nemeia (sendo a esta deusa dedicada) ou noutro lugar que for preferido. De uma maneira ou de outra, as ossadas de Pítia, como era seu desejo, deverão ser depositadas no local em que meu túmulo for erigido. Enfim, Nicanor, se preservado entre vós (conforme o voto que realizei em seu nome), consagrará as estátuas de pedra de quatro côvados de altura a Zeus salvador e à Atena salvadora em Estagira.".

ARISTÓTELES:

SUA OBRA

A OBRA DE ARISTÓTELES FOI TÃO VASTA e diversificada que nos permite traçar uma pequena história a seu respeito.

Mas antes disso devemos mencionar algumas dificuldades ligadas à bibliografia do Estagirita, algumas partilhadas por ele com outras figuras célebres da Antiguidade e outras que lhe são peculiares.

A primeira barreira que nos separa do Aristóteles *integral*, por assim dizer, é o fato de muitos de seus escritos não terem chegado a nós ou – para nos situarmos no tempo – à aurora da Era Cristã e à Idade Média.

A quase totalidade dos trabalhos de outros autores antigos, como é notório, teve o mesmo destino, particularmente as obras dos filósofos pré-socráticos. A preservação de manuscritos geralmente únicos ao longo de séculos constituía uma dificuldade espinhosa por razões bastante compreensíveis e óbvias.

No que toca a Aristóteles, há obras que foram perdidas na sua íntegra; outras chegaram a nós parciais ou muito incompletas; de outras restaram apenas fragmentos; outras, ainda, embora estruturalmente íntegras, apresentam lacunas facilmente perceptíveis ou mutilações.

Seguramente, entre esses escritos perdidos existem muitos cujos assuntos tratados nem sequer conhecemos. De outros estamos cientes dos temas. Vários parecem definitivamente perdidos e outros são atualmente objeto de busca.

Além do esforço despendido em tal busca, há um empenho no sentido de reconstituir certas obras com base nos fragmentos.

É quase certo que boa parte da perda irreparável da obra aristotélica tenha sido causada pelo incêndio da Biblioteca de Alexandria, em que foram consumidos tratados não só de pensadores da época de Aristóteles (presumivelmente de Epicuro, dos estoicos, dos céticos etc.), como também de pré-socráticos e de

16 | POÉTICA

filósofos gregos dos séculos III e II a.c., como dos astrônomos Eratóstenes e Hiparco, que atuavam brilhante e devotadamente na própria Biblioteca. Mais tarde, no fim do século IV d.c., uma multidão de cristãos fanáticos invadiu e depredou a Biblioteca, ocorrendo mais uma vez a destruição de centenas de manuscritos. O coroamento da fúria dos ignorantes na sua intolerância religiosa contra o imenso saber helênico (paganismo) ocorreu em 415 d.c., quando a filósofa (astrônoma) Hipácia, destacada docente da Biblioteca, foi perseguida e lapidada por um grupo de cristãos, que depois arrastaram seu corpo mutilado pelas ruas de Alexandria.

Uma das obras consumidas no incêndio supracitado foi o estudo que Aristóteles empreendeu sobre, no mínimo, 125 governos gregos.

Juntam-se, tristemente, a esse monumental trabalho irremediavelmente perdido: uma tradução especial do poeta Homero que Aristóteles teria executado para seu pupilo Alexandre; um estudo sobre belicismo e direitos territoriais; um outro sobre as línguas dos povos bárbaros; e quase todas as obras *exotéricas* (poemas, epístolas, diálogos etc.).

Entre os achados tardios, deve-se mencionar a *Constituição de Atenas*, descoberta só muito recentemente, no século XIX.

Quanto aos escritos incompletos, o exemplo mais conspícuo é a *Poética*, em cujo texto, de todas as artes poéticas que nosso filósofo se propõe a examinar, as únicas presentes são a tragédia e a poesia épica.

Outra dificuldade que afeta a obra de Aristóteles, esta inerente ao próprio filósofo, é a diferença de caráter e teor de seus escritos, os quais são classificados em *exotéricos* e *acroamáticos* (ou *esotéricos*), aos quais já nos referimos, mas que requerem aqui maior atenção.

Os exotéricos eram os escritos (geralmente sob forma de epístolas, diálogos e transcrições das palestras de Aristóteles com seus discípulos e principalmente das aulas públicas de retórica e dialética) cujo teor não era tão profundo, sendo acessíveis ao público em geral e versando especialmente sobre retórica e dialética. Os acroamáticos ou esotéricos eram precisamente os escritos de conteúdo mais aprofundado, minucioso e complexo (mais propriamente filosóficos, versando sobre física, metafísica, ética, política etc.), e que, durante o período no qual predominou em Atenas uma disposição marcantemente antimacedônica, circulavam exclusivamente nas mãos dos discípulos e amigos do Estagirita.

Até meados do século I a.c., as obras conhecidas de Aristóteles eram somente as exotéricas. As acroamáticas ou esotéricas permaneceram pelo arco das existências do filósofo, de seus amigos e discípulos sob o rigoroso controle destes, destinadas apenas à leitura e ao estudo deles mesmos. Com a morte dos integrantes desse círculo aristotélico fechado, as obras acroamáticas (por certo o melhor do Estagirita) ficaram mofando em uma adega na casa de Corisco por quase 300 anos.

O resultado inevitável disso, como se pode facilmente deduzir, é que por todo esse tempo julgou-se que o pensamento filosófico de Aristóteles era apenas o que estava contido nos escritos exotéricos, que não só foram redigidos no estilo de Platão (epístolas e diálogos), como primam por questionamentos tipicamente platônicos, além de muitos deles não passarem, a rigor, de textos rudimentares ou meros esboços, falhos tanto do ponto de vista formal e redacional quanto carentes de critério expositivo, dificilmente podendo ser considerados rigorosamente como *tratados* filosóficos.

Foi somente por volta do ano 50 a.C. que descobriram que na adega de Corisco não havia *unicamente* vinho.

Os escritos acroamáticos foram, então, transferidos para Atenas e, com a invasão dos romanos, nada apáticos em relação à cultura grega, enviados a Roma.

Nessa oportunidade, Andrônico de Rodes juntou os escritos acroamáticos aos exotéricos, e o mundo ocidental se deu conta do verdadeiro filão do pensamento aristotélico, reconhecendo sua originalidade e envergadura. O Estagirita, até então tido como um simples discípulo de Platão, assumiu sua merecida importância como grande pensador capaz de ombrear-se com o próprio mestre.

Andrônico de Rodes conferiu ao conjunto da obra aristotélica a organização que acatamos basicamente até hoje. Os escritos exotéricos, entretanto, agora ofuscados pelos acroamáticos, foram preteridos por estes, descurados e acabaram desaparecendo quase na sua totalidade.

A terceira dificuldade que nos furta o acesso à integridade da obra aristotélica é a existência dos *apócrifos* e dos *suspeitos*.

O próprio volume imenso da obra do Estagirita acena para a possibilidade da presença de colaboradores entre os seus discípulos mais chegados, especialmente Teofrasto. Há obras de estilo e terminologia perceptivelmente diferentes dos correntemente empregados por Aristóteles, entre elas a famosa *Problemas* (que trata dos temas mais diversos, inclusive a magia), a *Economia* (síntese da primeira parte da *Política*) e *Do Espírito*, sobre fisiologia e psicologia, e que não deve ser confundida com *Da Alma*, certamente de autoria exclusiva de Aristóteles.

O maior problema, contudo, ao qual foi submetida a obra aristotélica, encontra sua causa no tortuoso percurso linguístico e cultural de que ela foi objeto até atingir a Europa cristã.

18 | POÉTICA

Apesar do enorme interesse despertado pela descoberta dos textos acroa-máticos ou esotéricos em meados do último século antes de Cristo, o mundo culto ocidental (então, a Europa) não demoraria a ser tomado pela fé cristã e a seguir pela cristianização oficial estabelecida pela Igreja, mesmo ainda sob o Império romano.

A cristianização do Império romano permitiu aos poderosos Padres da Igreja incluir a filosofia grega no contexto da manifestação pagã, convertendo o seu cultivo em prática herética. A filosofia aristotélica foi condenada e seu estudo posto na ilegalidade. Entretanto, com a divisão do Império romano em 385 d.C., o *corpus aristotelicum* composto por Andrônico de Rodes foi levado de Roma para Alexandria.

Foi no Império romano do Oriente (Império bizantino) que a obra de Aristóteles voltou a ser regularmente lida, apreciada e finalmente *traduzida*... para o árabe (língua semita que, como sabemos, não entretém qualquer afinidade com o grego) a partir do século X.

Portanto, o *primeiro* Aristóteles *traduzido* foi o dos grandes filósofos árabes, particularmente Avicena (*Ibn Sina*, morto em 1036) e Averróis (*Ibn Roschd*, falecido em 1198), ambos exegetas de Aristóteles, sendo o último considerado o mais importante dos *peripatéticos árabes* da Espanha, e *não* o da latinidade representada fundamentalmente por Santo Tomás de Aquino.

Mas, voltando no tempo, ainda no século III, os Padres da Igreja (homens de ferro, como Tertuliano, decididos a consolidar institucionalmente o cristianismo oficial a qualquer custo) concluíram que a filosofia helênica, em lugar de ser combatida, poderia se revelar um poderoso instrumento para a legitimação e o fortalecimento intelectual da doutrina cristã. Porém, de que filosofia grega dispunham em primeira mão? Somente do neoplatonismo e do estoicismo, doutrinas filosóficas gregas que, de fato, se mostravam conciliáveis com o cristianismo, especialmente o último, que experimentara uma séria continuidade romana graças a figuras como Sêneca, Epíteto e o imperador Marco Aurélio Antonino.

Sob os protestos dos representantes do neoplatonismo (Porfírio, Jâmblico, Proclo etc.), ocorreu uma apropriação do pensamento grego por parte da Igreja. Situação delicadíssima para os últimos filósofos gregos, que, se por um lado podiam perder suas cabeças por sustentar a distinção e/ou oposição do pensamento grego ao cristianismo, por outro tinham de admitir o fato de muitos de seus próprios discípulos estarem se convertendo a ele, inclusive através de uma tentativa de compatibilizá-lo não só com Platão, como também com Aristóteles, de modo a torná-los "aceitáveis" para a Igreja.

ARISTÓTELES: SUA OBRA | 19

Assim, aquilo que ousaremos chamar de *apropriação do pensamento filosófico grego* foi encetado inicialmente pelos próprios discípulos dos neoplatônicos, e se consubstanciou na conciliação do cristianismo (mais exatamente a teologia cristã que principiava a ser construída e estruturada naquela época) primeiramente com o platonismo, via neoplatonismo, e depois com o aristotelismo, não tendo sido disso pioneiros nem os grandes vultos da patrística (São Justino, Clemente de Alexandria, Orígenes e mesmo Santo Agostinho) relativamente a Platão, nem aqueles da escolástica (John Scot Erigene e Santo Tomás de Aquino) relativamente a Aristóteles.

A primeira consequência desse "remanejamento" filosófico foi nivelar Platão com Aristóteles. Afinal, não se tratava de estudar a fundo e exaustivamente os grandes sistemas filosóficos gregos – os pragmáticos Padres da Igreja viam o vigoroso pensamento helênico meramente como um precioso veículo a atender seu objetivo, ou seja, propiciar fundamento e conteúdo filosóficos à incipiente teologia cristã.

Os discípulos cristãos dos neoplatônicos não tiveram, todavia, acesso aos manuscritos originais do *corpus aristotelicum*.

Foi por meio da conquista militar da península ibérica e da região do mar Mediterrâneo pelas tropas cristãs, inclusive durante as Cruzadas, que os cristãos voltaram a ter contato com as obras do Estagirita, precisamente por intermédio dos *infiéis*, ou seja, tiveram acesso às *traduções e paráfrases* árabes (e mesmo hebraicas) a que nos referimos anteriormente.

A partir do século XII começaram a surgir as primeiras traduções latinas (latim erudito) da obra de Aristóteles. Conclusão: o Aristóteles linguística e culturalmente original, durante séculos, jamais frequentou a Europa medieval.

Tanto Andrônico de Rodes, no século I a.C., ao estabelecer o *corpus aristotelicum*, quanto o neoplatônico Porfírio, no século III, ressaltaram nesse *corpus* o Ὄργανον (*Órganon* – série de tratados dedicados à lógica, ou melhor, à *Analítica*, no dizer de Aristóteles) e sustentaram a ampla divergência doutrinária entre os pensamentos de Platão e de Aristóteles. Os discípulos cristãos dos neoplatônicos, a partir da alvorada do século III, deram realce à lógica, à física e à retórica, e levaram a cabo a proeza certamente falaciosa de conciliar os dois maiores filósofos da Grécia. Quanto aos estoicos romanos, também prestigiaram a lógica aristotélica, mas deram destaque à ética, não nivelando Aristóteles com Platão, mas os aproximando.

O fato é que a Igreja obteve pleno êxito no seu intento, graças à inteligência e à sensibilidade agudas de homens como o bispo de Hipona, Aurélio Agostinho

20 | POÉTICA

(Santo Agostinho – 354-430 d.C.) e o dominicano oriundo de Nápoles, Tomás de Aquino (Santo Tomás – 1224-1274), que se revelaram vigorosos e fecundos teólogos, superando o papel menor de meros intérpretes e *aproveitadores* das originalíssimas concepções gregas.

Quanto a Aristóteles, a Igreja foi muito mais além e transformou *il filosofo* (como Aquino o chamava) na suma e única autoridade do conhecimento, com o que, mais uma vez, utilizava o pensamento grego para alicerçar os dogmas da cristandade e, principalmente, respaldar e legitimar sua intensa atividade política oficial e extraoficial, caracterizada pelo autoritarismo e pela centralização do poder em toda a Europa.

Se, por um lado, o Estagirita sentir-se-ia certamente lisonjeado com tal posição, por outro, quem conhece seu pensamento sabe que também certamente questionaria o próprio *conceito* de autoridade exclusiva do conhecimento.

Com base na clássica ordenação do *corpus aristotelicum* de Andrônico de Rodes, pode-se classificar os escritos do Estagirita da maneira que se segue (note-se que esta relação não corresponde exatamente ao extenso elenco elaborado por Diógenes Laércio posteriormente no século III d.C. e que nela não se cogita a questão dos apócrifos e suspeitos).

1. Escritos sob a influência de Platão, mas já detendo caráter crítico em relação ao pensamento platônico:[*]

— *Poemas*;[*]

— *Eudemo* (diálogo cujo tema é a alma, abordando a imortalidade, a reminiscência e a imaterialidade);

— *Protrépticos*[*] (epístola na qual Aristóteles se ocupa de metafísica, ética, política e psicologia);

— *Da Monarquia*;[*]

— *Da Colonização*;[*]

— *Constituições*;[*]

— *Da Filosofia*[*] (diálogo constituído de três partes: a *primeira*, histórica, encerra uma síntese do pensamento filosófico desenvolvido até então, inclusive o pensamento egípcio; a *segunda* contém uma crítica à teoria das Ideias de Platão; e a *terceira* apresenta uma exposição das primeiras concepções aristotélicas, onde se destaca a concepção do *Primeiro Motor Imóvel*);

(*). Os asteriscos indicam os escritos perdidos após o primeiro século da Era Cristã e quase todos exotéricos; das 125 (ou 158) *Constituições*, a de Atenas (inteiramente desconhecida de Andrônico de Rodes) foi descoberta somente em 1880.

ARISTÓTELES: SUA OBRA | 21

— *Metafísica*(*) (esboço e porção da futura Metafísica completa e definitiva);

— *Ética a Eudemo* (escrito parcialmente exotérico que, exceto pelos Livros IV, V e VI, será substituído pelo texto acroamático definitivo *Ética a Nicômaco*);

— *Política*(*) (esboço da futura *Política*, no qual já estão presentes a crítica à República de Platão e a teoria das três formas de governo originais e puras e as três derivadas e degeneradas);

— *Física*(*) (esboço e porção – Livros I e II – da futura *Física*; já constam aqui os conceitos de matéria, forma, potência, ato e a doutrina do movimento);

— *Do Céu* (nesta obra, Aristóteles faz a crítica ao *Timeu* de Platão e estabelece os princípios de sua cosmologia com a doutrina dos cinco elementos e a doutrina da eternidade do mundo e sua finitude espacial; trata ainda do tema da geração e corrupção).

2. Escritos da maturidade (principalmente desenvolvidos e redigidos no período do Liceu – 335 a 323 a.c.)

— A *Analítica* ou *Órganon*, como a chamaram os bizantinos por ser o Ὄργανον (instrumento, veículo, ferramenta e propedêutica) das ciências (trata da lógica – regras do pensamento correto e científico, sendo composto por seis tratados, a saber: Categorias, Da Interpretação, Analíticos Anteriores, Analíticos Posteriores, Tópicos e Refutações Sofísticas);

— *Física* (não contém um único tema, mas vários, entrelaçando e somando oito Livros de física, quatro de cosmologia [intitulados *Do Céu*], dois que tratam especificamente da geração e corrupção, quatro de meteorologia [intitulados *Dos Meteoros*], Livros de zoologia [intitulados *Da Investigação sobre os Animais, Da Geração dos Animais, Da Marcha dos Animais, Do Movimento dos Animais, Das Partes dos Animais*] e três Livros de psicologia [intitulados *Da Alma*]);

— *Metafísica* (termo cunhado por Andrônico de Rodes por mero motivo organizatório, ou seja, ao examinar todo o conjunto da obra aristotélica, no século I a.c., notou que esse tratado se apresentava *depois* [μετά] do tratado da *Física*) (é a obra em que Aristóteles se devota à filosofia primeira ou filosofia teológica, quer dizer, à ciência que investiga as causas primeiras e universais do ser, *o ser enquanto ser;* o tratado é composto de quatorze Livros);

— *Ética a Nicômaco* (em dez Livros, trata dos principais aspectos da ciência da ação individual, a ética, tais como o bem, as virtudes, os vícios, as paixões, os desejos, a amizade, o prazer, a dor, a felicidade etc.);

(*). Os asteriscos indicam os escritos perdidos após o primeiro século da Era Cristã e quase todos exotéricos; das 125 (ou 158) *Constituições*, a de Atenas (inteiramente desconhecida de Andrônico de Rodes) foi descoberta somente em 1880.

— *Política* (em oito Livros, trata dos vários aspectos da ciência da ação do indivíduo como animal social (*político*): a família e a economia, as doutrinas políticas, os conceitos políticos, o caráter dos Estados e dos cidadãos, as formas de governo, as transformações e revoluções nos Estados, a educação do cidadão etc.);

— *Retórica*[*] (em três Livros);

— *Poética* (em um Livro, mas incompleta).

A relação que transcrevemos a seguir, de Diógenes Laércio (século III), é muito maior, e esse biógrafo, como o organizador do *corpus aristotelicum*, não se atém à questão dos escritos perdidos, recuperados, adulterados, mutilados, e muito menos ao problema dos apócrifos e suspeitos, que só vieram efetivamente à tona a partir do helenismo moderno. O critério classificatório de Diógenes é, também, um tanto diverso daquele de Andrônico e ele faz o célebre introito elogioso a Aristóteles, a saber:

"Ele escreveu um vasto número de livros que julguei apropriado elencar, dada a excelência desse homem em todos os campos de investigação:

— *Da Justiça*, quatro Livros;

— *Dos Poetas*, três Livros;

— *Da Filosofia*, três Livros;

— *Do Político*, dois Livros;

— *Da Retórica* ou *Grylos*, um Livro;

— *Nerinto*, um Livro;

— *Sofista*, um Livro;

— *Menexeno*, um Livro;

— *Erótico*, um Livro;

— *Banquete*, um Livro;

— *Da Riqueza*, um Livro;

— *Protréptico*, um Livro;

— *Da Alma*, um Livro;

— *Da Prece*, um Livro;

— *Do Bom Nascimento*, um Livro;

— *Do Prazer*, um Livro;

(*). Escrito exotérico, mas não perdido.

ARISTÓTELES: SUA OBRA | 23

— *Alexandre*, ou *Da Colonização*, um Livro;

— *Da Realeza*, um Livro;

— *Da Educação*, um Livro;

— *Do Bem*, três Livros;

— *Excertos de As Leis de Platão*, três Livros;

— *Excertos da República de Platão*, dois Livros;

— *Economia*, um Livro;

— *Da Amizade*, um Livro;

— *Do ser afetado ou ter sido afetado*, um Livro;

— *Das Ciências*, dois Livros;

— *Da Erística*, dois Livros;

— *Soluções Erísticas*, quatro Livros;

— *Cisões Sofísticas*, quatro Livros;

— *Dos Contrários*, um Livro;

— *Dos Gêneros e Espécies*, um Livro;

— *Das Propriedades*, um Livro;

— *Notas sobre os Argumentos*, três Livros;

— *Proposições sobre a Excelência*, três Livros;

— *Objeções*, um Livro;

— *Das coisas faladas de várias formas ou por acréscimo*, um Livro;

— *Dos Sentimentos* ou *Do Ódio*, um Livro;

— *Ética*, cinco Livros;

— *Dos Elementos*, três Livros;

— *Do Conhecimento*, um Livro;

— *Dos Princípios*, um Livro;

— *Divisões*, dezesseis Livros;

— *Divisão*, um Livro;

— *Da Questão e Resposta*, dois Livros;

— *Do Movimento*, dois Livros;

— *Proposições Erísticas*, quatro Livros;

— *Deduções*, um Livro;

— *Analíticos Anteriores*, nove Livros;

— *Analíticos Posteriores*, dois Livros;

— *Problemas*, um Livro;

— *Metódica*, oito Livros;

— *Do mais excelente*, um Livro;

— *Da Ideia*, um Livro;

— *Definições Anteriores aos Tópicos*, um Livro;

— *Tópicos*, sete Livros;

— *Deduções*, dois Livros;

— *Deduções e Definições*, um Livro;

— *Do Desejável e Dos Acidentes*, um Livro;

— *Pré-tópicos*, um Livro;

— *Tópicos voltados para Definições*, dois Livros;

— *Sensações*, um Livro;

— *Matemáticas*, um Livro;

— *Definições*, treze Livros;

— *Argumentos*, dois Livros;

— *Do Prazer*, um Livro;

— *Proposições*, um Livro;

— *Do Voluntário*, um Livro;

— *Do Nobre*, um Livro;

— *Teses Argumentativas*, vinte e cinco Livros;

— *Teses sobre o Amor*, quatro Livros;

— *Teses sobre a Amizade*, dois Livros;

— *Teses sobre a Alma*, um Livro;

— *Política*, dois Livros;

— *Palestras sobre Política* (como as de Teofrasto), oito Livros;

— *Dos Atos Justos*, dois Livros;

— *Coleção de Artes*, dois Livros

— *Arte da Retórica*, dois Livros;

— *Arte*, um Livro;

— *Arte* (uma outra obra), dois Livros;

— *Metódica*, um Livro;

— *Coleção da Arte de Teodectes*, um Livro;

— *Tratado sobre a Arte da Poesia*, dois Livros;

ARISTÓTELES: SUA OBRA | 25

— *Entimemas Retóricos*, um Livro;

— *Da Magnitude*, um Livro;

— *Divisões de Entimemas*, um Livro;

— *Da Dicção*, dois Livros;

— *Dos Conselhos*, um Livro;

— *Coleção*, dois Livros;

— *Da Natureza*, três Livros;

— *Natureza*, um Livro;

— *Da Filosofia de Árquitas*, três Livros;

— *Da Filosofia de Espeusipo e Xenócrates*, um Livro;

— *Excertos do Timeu e dos Trabalhos de Árquitas*, um Livro;

— *Contra Melisso*, um Livro;

— *Contra Alcmeon*, um Livro;

— *Contra os Pitagóricos*, um Livro;

— *Contra Górgias*, um Livro;

— *Contra Xenófanes*, um Livro;

— *Contra Zenão*, um Livro;

— *Dos Pitagóricos*, um Livro;

— *Dos Animais*, nove Livros;

— *Dissecações*, oito Livros;

— *Seleção de Dissecações*, um Livro;

— *Dos Animais Complexos*, um Livro;

— *Dos Animais Mitológicos*, um Livro;

— *Da Esterilidade*, um Livro;

— *Das Plantas*, dois Livros

— *Fisiognomonia*, um Livro;

— *Medicina*, dois Livros;

— *Das Unidades*, um Livro;

— *Sinais de Tempestade*, um Livro;

— *Astronomia*, um Livro;

— *Ótica*, um Livro;

— *Do Movimento*, um Livro;

— *Da Música*, um Livro;

26 | POÉTICA

— *Memória*, um Livro;

— *Problemas Homéricos*, seis Livros;

— *Poética*, um Livro;

— *Física* (por ordem alfabética), trinta e oito Livros;

— *Problemas Adicionais*, dois Livros;

— *Problemas Padrões*, dois Livros;

— *Mecânica*, um Livro;

— *Problemas de Demócrito*, dois Livros;

— *Do Magneto*, um Livro;

— *Conjunções dos Astros*, um Livro;

— *Miscelânea*, doze Livros;

— *Explicações* (ordenadas por assunto), catorze Livros;

— *Afirmações*, um Livro;

— *Vencedores Olímpicos*, um Livro;

— *Vencedores Pítios na Música*, um Livro;

— *Sobre Píton*, um Livro;

— *Listas dos Vencedores Pítios*, um Livro;

— *Vitórias em Dionísia*, um Livro;

— *Das Tragédias*, um Livro;

— *Didascálias*, um Livro;

— *Provérbios*, um Livro;

— *Regras para os Repastos em Comum*, um Livro;

— *Leis*, quatro Livros;

— *Categorias*, um Livro;

— *Da Interpretação*, um Livro;

— *Constituições de 158 Estados* (ordenadas por tipo: democráticas, oligárquicas, tirânicas, aristocráticas);

— *Cartas a Filipe*;

— *Cartas sobre os Selimbrianos*;

— *Cartas a Alexandre* (4), *a Antipater* (9), *a Mentor* (1), *a Aríston* (1), *a Olímpias* (1), *a Hefaístion* (1), *a Temistágoras* (1), *a Filoxeno* (1), *a Demócrito* (1);

— *Poemas*;

— *Elegias*.

Curiosamente, esse elenco gigantesco não é, decerto, exaustivo, pois, no mínimo, duas outras fontes da investigação bibliográfica de Aristóteles apontam títulos adicionais, inclusive alguns dos mais importantes da lavra do Estagirita, como a *Metafísica* e a *Ética a Nicômaco.* Uma delas é a *Vita Menagiana,* cuja conclusão da análise acresce:

— *Peplos;*

— *Problemas Hesiódicos,* um Livro;

— *Metafísica,* dez Livros;

— *Ciclo dos Poetas,* três Livros;

— *Contestações Sofísticas ou Da Erística;*

— *Problemas dos Repastos Comuns,* três Livros;

— *Da Bênção, ou por que Homero inventou o gado do sol?;*

— *Problemas de Arquíloco, Eurípides, Quoirilos,* três Livros;

— *Problemas Poéticos,* um Livro;

— *Explicações Poéticas;*

— *Palestras sobre Física,* dezesseis Livros;

— *Da Geração e Corrupção,* dois Livros;

— *Meteorológica,* quatro Livros;

— *Da Alma,* três Livros;

— *Investigação sobre os Animais,* dez Livros;

— *Movimento dos Animais,* três Livros;

— *Partes dos Animais,* três Livros;

— *Geração dos Animais,* três Livros;

— *Da Elevação do Nilo;*

— *Da Substância nas Matemáticas;*

— *Da Reputação;*

— *Da Voz;*

— *Da Vida em Comum de Marido e Mulher;*

— *Leis para o Esposo e a Esposa;*

— *Do Tempo;*

— *Da Visão,* dois Livros;

— *Ética a Nicômaco;*

— *A Arte da Eulogia;*

— *Das Coisas Maravilhosas Ouvidas;*

— *Da Diferença;*

— *Da Natureza Humana;*

28 | POÉTICA

— *Da Geração do Mundo*;

— *Costumes dos Romanos*;

— *Coleção de Costumes Estrangeiros*.

A *Vida de Ptolomeu*, por sua vez, junta os títulos a seguir:

— *Das Linhas Indivisíveis*, três Livros;

— *Do Espírito*, três Livros;

— *Da Hibernação*, um Livro;

— *Magna Moralia*, dois Livros;

— *Dos Céus e do Universo*, quatro Livros;

— *Dos Sentidos e Sensibilidade*, um Livro;

— *Da Memória e Sono*, um Livro;

— *Da Longevidade e Efemeridade da Vida*, um Livro;

— *Problemas da Matéria*, um Livro;

— *Divisões Platônicas*, seis Livros;

— *Divisões de Hipóteses*, seis Livros;

— *Preceitos*, quatro Livros;

— *Do Regime*, um Livro;

— *Da Agricultura*, quinze Livros;

— *Da Umidade*, um Livro;

— *Da Secura*, um Livro;

— *Dos Parentes*, um Livro.

A contemplar essa imensa produção intelectual (a maior parte da qual irreversivelmente desaparecida ou destruída), impossível encarar a questão central dos apócrifos e dos suspeitos como polêmica. Trata-se, apenas, de um fato cultural em que possam se debruçar especialistas e eruditos. Nem se o gênio de Estagira dispusesse dos atuais recursos de preparação e produção editoriais (digitação eletrônica, impressão a *laser, scanners* etc.) e não meramente de redatores e copiadores de manuscritos, poderia produzir isolada e individualmente uma obra dessa extensão e magnitude, além do que, que se frise, nos muitos apócrifos indiscutíveis, o pensamento filosófico ali contido *persiste* sendo do intelecto brilhante de um só homem: Aristóteles; ou seja, se a forma e a redação não são de Aristóteles, o conteúdo certamente é.

A relação final a ser apresentada é do que dispomos hoje de Aristóteles, considerando-se as melhores edições das obras completas do Estagirita, baseadas nos mais recentes estudos e pesquisas dos maiores helenistas dos séculos XIX e XX. À exceção da *Constituição de Atenas*, descoberta em 1880 e dos *Fragmentos*, garimpados e editados em inglês por W. D. Ross em 1954, essa relação corresponde *verbatim* àquela da edição de Immanuel Bekker (que permanece padrão e referencial), surgida em Berlim em 1831. É de se enfatizar que este elenco, graças ao empenho de Bekker (certamente o maior erudito aristotelista de todos os tempos) encerra também uma ordem provável, ou ao menos presumível, do desenvolvimento da reflexão peripatética ou, pelos menos, da redação das obras (insinuando certa continuidade), o que sugere um excelente guia e critério de estudo para aqueles que desejam ler e se aprofundar na totalidade da obra aristotélica, mesmo porque a interconexão e progressão das disciplinas filosóficas (exemplo: *economia – ética – política*) constituem parte indubitável da técnica expositiva de Aristóteles. Disso ficam fora, obviamente, a *Constituição de Atenas* e os *Fragmentos*. Observe-se, contudo, que a ordem a seguir não corresponde exatamente à ordem numérica progressiva do conjunto das obras.

Eis a relação:

— *Categorias* (ΚΑΤΗΓΟΡΙΑΙ);

— *Da Interpretação* (ΠΕΡΙ ΕΡΜΗΝΕΙΑΣ);

— *Analíticos Anteriores* (ΑΝΑΛΥΤΙΚΩΝ ΠΡΟΤΕΡΩΝ);

— *Analíticos Posteriores* (ΑΝΑΛΥΤΙΚΩΝ ΥΣΤΕΡΩΝ);

— *Tópicos* (ΤΟΠΙΚΑ);

— *Refutações Sofísticas* (ΠΕΡΙ ΣΟΦΙΣΤΙΚΩΝ ΕΛΕΓΧΩΝ);

Obs.: o conjunto desses seis primeiros tratados é conhecido como *Órganon* (ΟΡΓΑΝΟΝ).

— *Da Geração e Corrupção* (ΠΕΡΙ ΓΕΝΕΣΕΩΣ ΚΑΙ ΦΘΟΡΑΣ);

— *Do Universo* (ΠΕΡΙ ΚΟΣΜΟΥ);[*]

— *Física* (ΦΥΣΙΚΗ);

— *Do Céu* (ΠΕΡΙ ΟΥΡΑΝΟΥ);

— *Meteorologia* (ΜΕΤΕΩΡΟΛΟΓΙΚΩΝ);

— *Da Alma* (ΠΕΡΙ ΨΥΧΗΣ);

— *Do Sentido e dos Sensíveis* (ΠΕΡΙ ΑΙΣΘΗΣΕΩΣ ΚΑΙ ΑΙΣΘΗΤΩΝ);

— *Da Memória e da Revocação* (ΠΕΡΙ ΜΝΗΜΗΣ ΚΑΙ ΑΝΑΜΝΗΣΕΩΣ);

— *Do Sono e da Vigília* (ΠΕΡΙ ΥΠΝΟΥ ΚΑΙ ΕΓΡΗΓΟΡΣΕΩΣ);

(*). Suspeito.

30 | POÉTICA

— *Dos Sonhos* (ΠΕΡΙ ΕΝΥΠΝΙΩΝ);

— *Da Divinação no Sono* (ΠΕΡΙ ΤΗΣ ΚΑΘ´ΥΠΝΟΝ ΜΑΝΤΙΚΗΣ);

— *Da Longevidade e da Efemeridade da Vida*
(ΠΕΡΙ ΜΑΚΡΟΒΙΟΤΗΤΟΣ ΚΑΙ ΒΡΑΧΥΒΙΟΤΗΤΟΣ);

— *Da Juventude e da Velhice. Da Vida e da Morte* (ΠΕΡΙ ΝΕΟΤΗΤΟΣ ΚΑΙ ΓΗΡΩΣ. ΠΕΡΙ ΖΩΗΣ ΚΑΙ ΘΑΝΑΤΟΥ);

— *Da Respiração* (ΠΕΡΙ ΑΝΑΠΝΟΗΣ);

Obs.: o conjunto dos oito últimos pequenos tratados é conhecido pelo título latino *Parva Naturalia*.

— *Do Alento* (ΠΕΡΙ ΠΝΕΥΜΑΤΟΣ);[*]

— *Da Investigação sobre os Animais* (ΠΕΡΙ ΤΑ ΖΩΑ ΙΣΤΟΡΙΑΙ);

— *Das Partes dos Animais* (ΠΕΡΙ ΖΩΩΝ ΜΟΡΙΩΝ);

— *Do Movimento dos Animais* (ΠΕΡΙ ΖΩΩΝ ΚΙΝΗΣΕΩΣ);

— *Da Marcha dos Animais* (ΠΕΡΙ ΠΟΡΕΙΑΣ ΖΩΩΝ);

— *Da Geração dos Animais* (ΠΕΡΙ ΖΩΩΝ ΓΕΝΕΣΕΩΣ);

— *Das Cores* (ΠΕΡΙ ΧΡΩΜΑΤΩΝ);[*]

— *Das Coisas Ouvidas* (ΠΕΡΙ ΑΚΟΥΣΤΩΝ);[*]

— *Fisiognomonia* (ΦΥΣΙΟΓΝΩΜΟΝΙΚΑ);[*]

— *Das Plantas* (ΠΕΡΙ ΦΥΤΩΝ);[*]

— *Das Maravilhosas Coisas Ouvidas* (ΠΕΡΙ ΘΑΥΜΑΣΙΩΝ ΑΚΟΥΣΜΑΤΩΝ);[*]

— *Mecânica* (ΜΗΧΑΝΙΚΑ);[*]

— *Das Linhas Indivisíveis* (ΠΕΡΙ ΑΤΟΜΩΝ ΓΡΑΜΜΩΝ);[*]

— *Situações e Nomes dos Ventos* (ΑΝΕΜΩΝ ΘΕΣΕΙΣ ΚΑΙ ΠΡΟΣΗΓΟΡΙΑΙ);[*]

— *Sobre Melisso, sobre Xenófanes e sobre Górgias* (ΠΕΡΙ ΜΕΛΙΣΣΟΥ, ΠΕΡΙ ΞΕΝΟΦΑΝΟΥΣ, ΠΕΡΙ ΓΟΡΓΙΟΥ);[*]

— *Problemas* (ΠΡΟΒΛΗΜΑΤΑ);[**]

— *Retórica a Alexandre* (ΡΗΤΟΡΙΚΗ ΠΡΟΣ ΑΛΕΞΑΝΔΡΟΝ);[*]

— *Metafísica* (ΤΑ ΜΕΤΑ ΤΑ ΦΥΣΙΚΑ);

— *Economia* (ΟΙΚΟΝΟΜΙΚΑ);[**]

(*). Suspeito.
(**). Apócrifo.

ARISTÓTELES: SUA OBRA | 31

— *Magna Moralia* (ΗΘΙΚΑ ΜΕΓΑΛΑ);[**]
— *Ética a Nicômaco* (ΗΘΙΚΑ ΝΙΚΟΜΑΧΕΙΑ);
— *Ética a Eudemo* (ΗΘΙΚΑ ΕΥΔΗΜΕΙΑ);
— *Das Virtudes e dos Vícios* (ΠΕΡΙ ΑΡΕΤΩΝ ΚΑΙ ΚΑΚΙΩΝ);[*]
— *Política* (ΠΟΛΙΤΙΚΑ);
— *Retórica* (ΤΕΧΝΗ ΡΗΤΟΡΙΚΗ);
— *Poética* (ΠΕΡΙ ΠΟΙΗΤΙΚΗΣ);
— *Constituição de Atenas* (ΑΘΗΝΑΙΩΝ ΠΟΛΙΤΕΙΑ);[***]
— Fragmentos.[****]

(*).   Suspeito.
(**).   Apócrifo.
(***).   Ausente na edição de 1831 de Bekker e sem sua numeração, já que este tratado só foi descoberto em 1880.
(****).   Ausente na edição de 1831 de Bekker e sem sua numeração, uma vez que foi editado em inglês somente em 1954 por W. D. Ross.

CRONOLOGIA

As datas (a.C.) aqui relacionadas são, em sua maioria, aproximadas, e os eventos indicados contemplam apenas os aspectos filosófico, político e militar.

481 – Criada a confederação das cidades-Estado gregas comandada por Esparta para combater o inimigo comum: os persas.

480 – Os gregos são fragorosamente derrotados pelos persas nas Termópilas (o último reduto de resistência chefiado por Leônidas de Esparta e seus *trezentos* é aniquilado); a acrópole é destruída; no mesmo ano, derrota dos persas em Salamina pela esquadra chefiada pelo ateniense Temístocles.

479 – Fim da guerra contra os persas, com a vitória dos gregos nas batalhas de Plateia e Micale.

478-477 – A Grécia é novamente ameaçada pelos persas; formação da *Liga Délia*, dessa vez comandada pelos atenienses.

469 – Nascimento de Sócrates em Atenas.

468 – Os gregos derrotam os persas no mar.

462 – Chegada de Anaxágoras de Clazômenas a Atenas.

462-461 – Promoção do governo democrático em Atenas.

457 – Atenas conquista a Beócia.

456 – Conclusão da construção do templo de Zeus em Olímpia.

447 – O Partenon começa ser construído.

444 – Protágoras de Abdera redige uma legislação para a nova colônia de Túrio.

431 – Irrompe a Guerra do Peloponeso entre Atenas e Esparta.

429 – Morte de Péricles.

427 – Nascimento de Platão em Atenas.

34 | POÉTICA

421 – Celebrada a paz entre Esparta e Atenas.

419 – Reinício das hostilidades entre Esparta e Atenas.

418 – Derrota dos atenienses na batalha de Mantineia.

413 – Nova derrota dos atenienses na batalha de Siracusa.

405 – Os atenienses são mais uma vez derrotados pelos espartanos na Trácia.

404 – Atenas se rende a Esparta.

399 – Morte de Sócrates.

385 – Fundação da Academia de Platão em Atenas.

384 – Nascimento de Aristóteles em Estagira.

382 – Esparta toma a cidadela de Tebas.

378 – Celebradas a paz e a aliança entre Esparta e Tebas.

367 – Chegada de Aristóteles a Atenas.

359 – Ascensão ao trono da Macedônia de Filipe II e começo de suas guerras de conquista e expansão.

347 – Morte de Platão.

343 – Aristóteles se transfere para a Macedônia e assume a educação de Alexandre.

338 – Filipe II derrota os atenienses e seus aliados na batalha de Queroneia, e a conquista da Grécia é concretizada.

336 – Morte de Filipe II e ascensão de Alexandre ao trono da Macedônia.

335 – Fundação do Liceu em Atenas.

334 – Alexandre derrota os persas na Batalha de Granico.

331 – Nova vitória de Alexandre contra os persas em Arbela.

330 – Os persas são duramente castigados por Alexandre em Persépolis, encerrando-se a expedição contra eles.

323 – Morte de Alexandre.

322 – Transferência de Aristóteles para Cálcis, na Eubeia; morte de Aristóteles.

POÉTICA

1

1447a1 · DISPOMO-NOS A TRATAR DA POÉTICA[1] ela mesma, bem como de suas formas e do poder de cada uma delas; da construção da narrativa necessária à excelência e beleza da *criação poética*,[2]
10 · da quantidade e natureza das partes desta e igualmente dos outros aspectos relativos a essa investigação, começando, naturalmente, pelos primeiros princípios.

A poesia épica e a trágica, bem como a cômica, a ditirâmbica e a maioria da interpretação com flauta e instrumentos de cordas
15 · dedilhados[3] são todas, encaradas como um todo, tipos de imitação. Diferem, entretanto, entre si, em três aspectos, a saber, nos meios, nos objetos ou nos modos de suas imitações. Tal como cores e formas são usadas pelas pessoas (há as que as usam graças à arte, outras

---

1. ΠΕΡΙ ΠΟΙΗΤΙΚΗΣ (*PERI POIĒTIKĒS*), literalmente DO POÉTICO, ou seja, sobre o que é próprio da poesia.

2. ...ποίησις... (*poíēsis*), genericamente criação, produção, mas Aristóteles emprega aqui o termo no seu sentido restrito de poesia, poema, que preferimos traduzir por uma expressão composta que, é claro, do prisma do grego, seria redundante. Mas queremos destacar a ideia (que já está contida no conceito grego) de que a poesia implica numa criação ou produção, ou seja, a poesia, o poema é uma criação ou obra (produto), o que a nossa palavra poesia, por si só, na nossa acepção corrente, não deixa claro. Entretanto, na sequência, na qual o autor irá tratar das formas da criação poética, utilizaremos o termo simples *poesia*, estando o leitor já ciente de seu significado à luz do conceito grego.

3. ...κιθαριστικῆς... (*kitharistikês*), como a harpa, a lira e a cítara.

38 | POÉTICA

devido à prática regular) para imitar e representar muitas coisas,
20 · enquanto outras, por outro lado, usam a voz, também todas as artes
supracitadas produzem imitação em ritmo, discurso e harmonia,
quer isoladamente, quer em combinações. Somente harmonia e
ritmo são empregados na música de flauta e instrumentos de cordas dedilhados, e em quaisquer outros tipos com essa capacidade,
25 · do que é exemplo a música das flautas campestres.[4] O ritmo por si
só, destituído de harmonia, é empregado pelos dançarinos (uma
vez que também eles, através de ritmos traduzidos em posturas, representam caráter, paixões e ações[5]). A arte que imita empregando
somente discurso ou formas métricas, quer por uma combinação
1447b1 · delas, quer por uma única, permanece até o presente sem nome,
uma vez que não dispomos de um nome comum para as mimas
10 · de Sófron e Xenarco[6] e os diálogos socráticos;[7] e nem mesmo para
qualquer imitação passível de ser produzida em trímetros iâmbicos
ou parelhas de versos elegíacos, ou quaisquer formas métricas semelhantes. Decerto as pessoas associam *poiein*[8] ao nome da métrica e
chamam alguns de *poetas elegíacos*,[9] e outros de *poetas épicos*.[10] Isso,
15 · contudo, não significa classificá-los como poetas devido à imitação,
mas devido à métrica de que compartilham; consequentemente, se
um autor escreve sobre medicina ou física[11] sob forma métrica, ainda

---

4. ...συρίγγων... (*syríngōn*), flautas de Pan: flautas primitivas e rústicas feitas de caniço.

5. Ou seja, produzem imitação dos caracteres das pessoas, assim como do que elas sofrem e fazem.

6. Comediógrafos sicilianos (de Siracusa), respectivamente pai e filho, tendo o primeiro florescido no fim do século V a.C. e sido o criador da mima, espécie burlesca de comédia.

7. Ou seja, diálogos de Platão, que teria sido influenciado por Sófron de Siracusa ao escrevê-los.

8. ...ποιεῖν... (*poieîn*), criar [poeticamente].

9. ...ἐλεγειοποιούς... (*elegeiopoiùs*).

10. ...ἐποποιούς... (*epopoiùs*).

11. Ou seja, filosofia da natureza.

ARISTÓTELES | 39

assim as pessoas o designarão mediante esses termos. Todavia, Homero[12] e Empédocles[13] nada têm em comum, exceto a métrica que utilizaram, de modo que se o primeiro deve com justiça ser chamado de poeta, o segundo deve ser chamado de filósofo da natureza em 20 · lugar de poeta. Identicamente, mesmo que alguém produzisse imitação num misto de todas as métricas – como Queremonte[14] o fez na composição de seu *Centauro*, uma rapsódia híbrida encerrando todas as métricas – deveria, ainda assim, ser chamado de poeta. Nessas matérias, deveríamos, portanto, realizar distinções desse tipo. Há também certas artes,[15] como os ditirambos e os nomos, a tragédia e a 25 · comédia, em que são empregados todos os meios mencionados, quer dizer, o ritmo, a melodia e a métrica. Diferem no fato de algumas os utilizarem todos juntos, enquanto outras os utilizam separada e sucessivamente. Eis aí, portanto, as distinções entre as artes no que diz respeito aos meios nos quais produzem imitação.

2

NA MEDIDA EM QUE OS ARTISTAS por imitação[16] representam as 1448a1 · pessoas em ação, sendo elas necessariamente boas ou más (pois, o caráter [humano] quase sempre se ajusta a esses [dois] tipos, porquanto é pelo vício e pela virtude que as pessoas se distinguem no

---

12. Poeta épico (meados do século VIII a.C.), autor da *Ilíada* e da *Odisseia*.

13. Empédocles de Agrigento (século V a.C.), poeta e filósofo da natureza pré-socrático.

14. Poeta trágico do século IV a.C.

15. Ou seja, formas de poesia.

16. A μίμησις (*mímēsis*) é um conceito aplicado às artes já presente em Platão, mas Aristóteles o estabelece aqui na *Poética* como um conceito estético basilar, já que todas as artes às quais se refere são imitativas ou miméticas, ou seja são baseadas num modelo que representam, que retratam. É o caso das várias formas de poesia e, numa palavra, de todas as artes que chamamos de plásticas, como a escultura e a pintura.

40 | POÉTICA

caráter), eles estão capacitados a representar as pessoas acima de nosso próprio nível normal, abaixo dele, ou tal como somos. Como, 5 · inclusive, no caso dos pintores, Polignoto[17] retratava pessoas superiores, Pauson,[18] pessoas inferiores, enquanto Dionísio,[19] pessoas como nós mesmos. Está claro que cada um dos tipos de imitação que já mencionamos revelará essas distinções e apresentará diferenças representando diferentes objetos no ponto em que diferem. Essas variações também podem ocorrer na dança e na interpretação musical com flauta e instrumentos de cordas dedilhados, bem 10 · como nos discursos em prosa e obras com métrica sem harmonia; por exemplo, há personagens de Homero que são pessoas superiores, de Cleofonte[20] que são como nós, enquanto Hegemonte de Tasos – que foi o primeiro autor de paródias[21] – e Nicochares, autor da *Deilíada*,[22] representaram pessoas de caráter inferior. O mesmo ocorre com referência aos ditirambos e os nomos, sendo possível 15 · representar Cíclopes[23] como o realizaram Timóteo[24] e Filoxeno.[25] Essa diferença, inclusive, por si só, estabelece uma distinção entre a tragédia e a comédia. Esta última tende a representar as pessoas

---

17. Polignoto de Tasos floresceu em meados do século V a.C. em Atenas.

18. O autor se refere provavelmente ao pintor contemporâneo de Sócrates e de Aristófanes.

19. Provável alusão a Dionísio de Colofon.

20. Poeta trágico que floresceu em Atenas no século V a.C.

21. E também comediógrafo (*circa* 415 a.C.)

22. Nicochares, poeta cômico (*circa* 390 a.C.). Quanto à *Deilíada*, há quem pense que se tratasse de uma paródia da *Ilíada* de Homero: δειλία (*deilía*) significa covardia.

23. Na mitologia, gigantes de um olho só na fronte que viviam na Sicília e na Itália. O mais famoso deles foi Polifemo, filho de Poseidon, que foi cegado por Odisseu e seus companheiros no célebre episódio da *Odisseia* de Homero.

24. Timóteo de Mileto (446-356 a.C.), poeta lírico e músico que viveu e se instalou na Macedônia.

25. Filoxeno de Citera (439-380 a.C.), poeta lírico, autor dramático e músico. Viveu na Sicília, membro da corte de Dionísio, o Velho, tirano de Siracusa. Como Timóteo, foi um inovador em matéria de técnica musical.

ARISTÓTELES | 41

como inferiores aos seres humanos reais, enquanto a tragédia as representa como superiores.

3

UMA TERCEIRA DISTINÇÃO ESTÁ NO MODO DE imitação relativo a esses diversos objetos. De fato, é possível representar em meios
20 · idênticos os mesmos objetos mesclando narrativa e representação teatral,[26] como faz Homero; ou numa maneira invariável, sem qualquer alteração desse tipo; ou pela *performance* direta de todos os papéis. São essas, portanto, as três distinções que servem de base à imitação, como dissemos no começo, nomeadamente meios, objetos
25 · e modos. Em consonância com isso, Sófocles,[27] num certo aspecto, poderia ser classificado, enquanto artista da imitação, como tendo afinidade com Homero, na medida em que ambos retratam pessoas boas e, por outro lado, como a tendo com referência a Aristófanes,[28] pois ambos representam as pessoas agindo diretamente; disso se origina a afirmação de alguns de que se atribui o nome drama às peças
30 · porque representam as pessoas em ação.[29] Daí os dórios realmente reivindicarem a invenção da tragédia e da comédia (os megarianos reivindicando aquela da comédia, quer aqui no continente, alegando que nasceu durante sua democracia, quer na Sicília, torrão natal do poeta Epicarmo,[30] figura muito anterior a Ciônidas e Magnes,[31] ao passo que alguns dórios do Peloponeso reivindicam a invenção

---

26. Ou seja, através de discurso e fazendo um personagem atuar.

27. Sófocles de Colona (495-405 a.C.), poeta trágico.

28. Aristófanes de Atenas (?448-?380 a.C.), poeta cômico.

29. A propósito, o significado primordial e genérico de δρᾶμα (*dráma*) é ação.

30. Epicarmo da Sicília, filósofo e poeta cômico, floresceu entre o fim do século VI e a primeira metade do século V a.C..

31. Ciônidas de Atenas (*circa* 490-460 a.C.), poeta cômico; Magnes de Icaria (em torno do ano 400 a.C.), poeta cômico.

42 | POÉTICA

da tragédia). Indicam os nomes a título de evidência, afirmando
35 · que chamam entre eles o povoado de *koma*,[32] enquanto os atenienses chamam-no de *demos*;[33] alegam que os atores cômicos[34] não extraíram seu nome de κωμάζειν (*kōmázein*),[35] mas do perambular de
1448b1 · povoado para povoado quando expulsos da região urbana. E dizem que quanto a agir, a palavra deles é δρᾶν (*drân*),[36] ao passo que a dos atenienses é πράττειν (*práttein*). E basta no que diz respeito à quantidade e natureza das distinções no domínio da imitação.

4

É POSSÍVEL PERCEBER QUE TODA A POÉTICA tem na sua origem duas causas, ambas naturais. De fato, no ser humano a propensão
5 · à imitação é instintiva desde a infância, e nisso ele se distingue de todos os outros animais; ele é o mais imitativo de todos, e é através da imitação que desenvolve seus primeiros conhecimentos. É igualmente por intermédio dela que todos experimentam naturalmente prazer. É indício disso um fato comum, a saber, experimentamos prazer com a visão de imagens sumamente fiéis de coisas que con-
10 · templaríamos penosamente, do que constituem exemplos as formas dos animais selvagens mais repugnantes e dos cadáveres. A explicação é que o conhecimento proporciona regozijo não apenas aos filósofos, como igualmente a todas as demais pessoas, embora estas últimas tenham nisso uma menor participação. Olhar imagens faz
15 · as pessoas experimentarem prazer, porquanto essa visão resulta na

---

32. κώμας (*kṓmas*).

33. δήμους (*dḗmous*).

34. ...κωμῳδούς... (*kōmōidoùs*).

35. O verbo κωμάζω (*kōmázō*) significa especificamente celebrar as festas de Dionísio (Baco) mediante cantos e danças, por extensão e genericamente festejar com cantos e danças.

36. Ver a nota 29.

ARISTÓTELES | 43

compreensão e no raciocínio em relação ao significado de cada elemento das imagens, conduzindo ao discernimento em relação a essa ou àquela pessoa. Se, porventura, acontecer de o objeto representado não haver sido ainda visto, não é a imitação que gera o prazer, mas sim a execução da obra, a cor ou uma outra causa semelhante.

Como a imitação nos é natural, tal como o são a harmonia e o
20 · ritmo (é evidente que a métrica faz parte dos ritmos), originalmente aqueles dotados de talentos naturais no que se refere a essas coisas aos poucos se desenvolveram e, a partir de improvisações, criaram a poesia. Esta subdividiu-se em dois ramos, em consonância com o caráter moral de seus criadores, ou seja, os indivíduos mais sérios
25 · dedicaram-se à imitação de ações nobres e daqueles que as realizavam, ao passo que os indivíduos mais vulgares representavam as ações de pessoas vis, tendo eles iniciado produzindo invectivas,[37] enquanto os primeiros produziam hinos e encômios. Não é possível indicar nenhum poema do gênero da invectiva de um autor que haja antecedido Homero, embora provavelmente tenha havido muitos autores desse gênero; já a partir de Homero é possível fazê-lo, sendo possível
30 · citarmos o *Margites*[38] do próprio Homero e outros semelhantes, nos quais a métrica iâmbica é empregada, o que é precisamente a razão de ser chamada atualmente de *iâmbica*, pois era nesse tipo de métrica que eles se satirizavam.[39] Entre os autores antigos, houve os que se converteram em poetas *heróicos*[40] e aqueles que se converteram em poetas iâmbicos.[41] Tal como Homero foi o poeta máximo dos assuntos sérios (já que foi preeminente não apenas do prisma da qualidade como também naquele da criação da imitação dramática), foi
35 · igualmente o primeiro a esboçar as formas da comédia, passando a

---

37. ...ψόγους... (*psógous*), censuras.

38. Poema satírico perdido que, embora atribuído por Aristóteles a Homero, nem sempre o foi na antiguidade.

39. ...ἰάμβιζον... (*iámbizon*).

40. ...ἡρωικῶν... (*hērōïkôn*), isto é, épicos.

41. Ou seja, satíricos.

44 | POÉTICA

dramatizar não o invectivo, mas o risível; com efeito, a mesma relação que o *Margites* tem com a comédia é a que a *Ilíada* e a *Odisseia* têm

1449a1 · com a tragédia. Quando a tragédia e a comédia se fizeram entrever, aqueles cujas próprias naturezas os impulsionavam rumo a uma forma ou outra de poesia, abandonaram as sátiras iâmbicas, alguns se transferindo do gênero iâmbico[42] para a comédia, outros do gênero

5 · épico para a tragédia, uma vez que essas novas formas eram superiores e gozavam de maior apreço do que as velhas formas.

Constitui uma outra questão examinar se a tragédia já se encontra hoje suficientemente desenvolvida em suas próprias formas, a julgá-la quer em si mesma, quer do ponto de vista da plateia. Tendo a tragédia no início nascido da improvisação (bem como a comédia, a

10 · primeira provindo dos grandes autores dos ditirambos, enquanto a segunda provém daqueles dos cantos fálicos, em relação aos quais perdura ainda um costume em muitas cidades), foi paulatinamente ampliada à medida que seus promotores desenvolviam o potencial que nela haviam percebido.

E após sofrer muitas transformações a tragédia não se desen-

15 · volveu mais, uma vez que alcançou sua natureza peculiar. Ésquilo[43] começou por inovar aumentando o número dos atores de um para dois, reduzindo o grupo coral e atribuindo o papel principal ao diálogo. Com Sófocles surgiram em cena três atores. Em termos de grandeza, superando um período de narrativas curtas e tom que explorava o ridículo (em função do satírico), foi num estágio posterior

20 · que a tragédia conquistou gravidade, substituindo, no que tange à métrica, o tetrâmetro trocaico pelo trímetro iâmbico. No princípio o tetrâmetro era empregado pelo fato de a poesia ser satírica e mais associada à dança. Com a introdução do diálogo, entretanto, a própria natureza da tragédia apontou a métrica apropriada. Mais do

25 · que qualquer outra métrica, o trímetro iâmbico ajusta-se ao diálogo, o que é atestado por sua presença frequente em nossa conversação,

---

42. Ou seja, invectiva ou sátira.

43. Ésquilo de Elêusis (525-456 a.C.), poeta trágico.

ARISTÓTELES | 45

enquanto a presença do hexâmetro é rara e seu emprego ultrapassa o tom coloquial costumeiro. Outras alterações envolveram a quantidade de episódios. E devemos considerar como registradas aquelas maneiras em que se diz que outros aspectos foram embelezados. Seria
30 · provavelmente uma ingente tarefa abordar cada um desses pontos.

5

COMO DISSEMOS, a comédia é imitação de caracteres mais inferiores, ainda que não completamente viciosos; mais propriamente, o ridículo constitui parte do disforme. O ridículo, de fato, compreende qualquer defeito e marca de disformidade que não implicam em
35 · dor ou destruição. É bastante evidente que a máscara do riso, embora disforme e distorcida, não gera dor. Ora, as etapas de desenvolvimento relativas à tragédia, bem como os autores nela envolvidos, têm sido lembrados por nós, ao passo que a história inicial da comédia mergulhou no esquecimento, porque não despertou nenhum
1449b1 · sério interesse. Foi só um tanto tardiamente que o arconte[44] lhe concedeu um coro, que até então fora composto por voluntários. Os primeiros poetas cômicos lembrados são de uma época em que o gênero já havia atingido certas formas. Ignoramos o responsável pela introdução das máscaras, prólogos, grande número de atores
5 · e outras coisas semelhantes. *A composição de narrativas*[45] *tem seu*

---

44. ...ἄρχων... (*árchōn*), um dos nove principais magistrados de Atenas, nesse caso o arconte-rei, responsável por questões de religião. Ele organizava as encenações dramáticas, vinculadas ao culto público a Dionísio (Baco), selecionando, entre os poetas que haviam apresentado suas obras na competição, os três cujos trabalhos lhe pareciam merecedores de serem representados; "concedia-lhes então um coro", a saber, a permissão para que suas peças fossem montadas, apontando o cidadão que cobriria as despesas com o equipamento do coro.

45. ...μύθους... (*mýthous*), isto é, roteiros.

46 | POÉTICA

início na Sicília;[46] entre os poetas atenienses, Crates[47] foi o primeiro a abandonar a forma iâmbica e criar histórias e narrativas (roteiros) com base em assuntos universais.

A epopeia combina com a tragédia no fato de ambas constituírem imitação de assuntos sérios, porém diferem pelo fato de o épico
10 · empregar uma métrica simples e a forma narrativa. Outra diferença é a extensão, porquanto há um esforço, na medida do possível, no caso da tragédia de não ultrapassar o tempo de uma revolução solar, ou perto disso; na epopeia não há limite de tempo, sendo ela nesse aspecto distintiva, isto embora no começo a prática adotada no.
15 · trágico e no épico fosse a mesma. No que respeita às suas partes, possuem algumas em comum, mas outras são características da tragédia. Assim, aquele que sabe discernir entre a tragédia de boa qualidade e a deficiente sabe o mesmo no tocante à epopeia, visto que os recursos da epopeia são encontrados na tragédia, enquanto
20 · nem todos os recursos da tragédia são encontrados na epopeia.

6

TRATAREMOS POSTERIORMENTE da imitação mediante hexâmetros e da comédia.[48] Mas ocupemo-nos agora da tragédia,[49] tomando a definição de sua essência que emerge de nosso discurso preceden-

---

46. ...τὸ δὲ μύθους ποιεῖν τὸ μὲν ἐξ ἀρχῆς ἐκ Σικελίας ἦλθε... (*tò dè mýthous poieîn tò mèn ex archês ek Sikelías êlthe*). O texto de Dübner, Bussemaker e Heitz intercala ...Ἐπίχαρμος καὶ Φόρμις... (*Epícharmos kaì Fórmis*) e começa uma nova frase com τὸ μὲν... (*tò mèn*...), de modo que traduziríamos: "Os autores das primeiras narrativas (roteiros) são Epicarmo e Formis. Assim, [a comédia] tem seu início na Sicília.". Epicarmo de Cós (540-452 a.C.) estabeleceu-se em Siracusa, na corte do tirano Gelon. Formis (século V a.C.) instalou-se na mesma corte.

47. Crates de Atenas (? – *circa* 424 a.C.), comediógrafo.

48. A parte da *Poética* que trata da comédia está perdida.

49. Dübner, Bussemaker e Heitz iniciam o capítulo 6 com essa frase.

ARISTÓTELES | 47

te. Tragédia, assim, é a imitação de uma ação séria, completa, que
25 · possui certa extensão, numa linguagem tornada agradável median-
te cada uma de suas formas em suas partes, empregando-se não a
narração, mas a interpretação teatral, na qual [os atores], fazendo
experimentar a compaixão e o medo, visam à purgação[50] desses sen-
timentos. Entendo por *agradável*,[51] no que respeita à linguagem, o
que reúne ritmo e harmonia[52] e, por *separação de suas formas*, o fato
de que algumas partes são transmitidas exclusivamente pela métrica,
30 · enquanto outras pela melodia. Como é mediante a sua ação que
as personagens produzem a imitação, o resultado necessário é uma
parte da tragédia consistir no espetáculo visual ordenado, ao qual po-
dem ser adicionadas a poesia lírica e a elocução, uma vez que são esses
os meios pelos quais obtém-se a imitação. Entendo por *elocução*[53]
a própria composição do discurso em métrica; quanto ao sentido
35 · de *poesia lírica*,[54] é a força [de expressão musical] a todos evidente.
Como a imitação envolve uma ação e esta é realizada por agentes,
é absolutamente necessário que possuam determinadas qualidades
no que diz respeito ao caráter e ao pensamento (sendo esses fatores
1450a1 · os que nos facultam atribuir qualidades também às suas ações, e é
em suas ações que todos alcançam o sucesso ou o fracasso); a narrati-
va (roteiro) é a imitação da ação, uma vez que uso o termo *narrativa*
(*roteiro*) para designar a construção dos atos, *caráter* para designar
aquilo em função do que atribuímos determinadas qualidades aos
5 · agentes, enquanto *pensamento* abrange tudo aquilo que no discurso

---

50. ...κάθαρσιν... (*kátharsin*). Essa purgação ou aliviamento é experimentada
pelos indivíduos presentes na plateia. A interação entre atores e plateia é
flagrante e contundente, tendo a tragédia grega um profundo significado
concomitantemente religioso, psicológico, moral e social. O membro da pla-
teia absolutamente não *assiste* à peça trágica, mas sim participa sensorial e
emocionalmente dela, ou melhor, *vive* a tragédia veiculada pelos personagens.

51. ...ἡδυσμένον... (*hēdysménon*).

52. Dübner, Bussemaker e Heitz: ...ῥυθμὸν καὶ ἁρμονίαν καὶ μέλος...
(*rhythmòn kaì harmonían kaì mélos*): ritmo, harmonia e melodia.

53. ...λέξιν... (*léxin*).

54. ...μελοποιίαν... (*melopoiían*).

48 | POÉTICA

falado permite que demonstrem alguma coisa ou que declarem o que pensam. Daí ser a tragédia composta necessariamente de seis componentes, segundo os quais se pode qualificá-la, a saber, narrativa (roteiro), caráter, elocução, pensamento, espetáculo visual e
10 · poesia lírica. Dois componentes constituem meios de imitação, um constitui a maneira de imitar e três, os objetos da imitação, o que é tudo. Não são poucos os que utilizaram tais componentes, a eles se submetendo, já que toda peça comporta espetáculo visual, caráter, narrativa (roteiro), elocução, melodia[55] e pensamento. Entre essas
15 · coisas, a mais importante é a estrutura dos atos, porquanto a tragédia não é imitação dos seres humanos, mas da ação e da vida, da felicidade e da infelicidade {a infelicidade também sendo resultado da atividade},[56] o fim sendo uma certa espécie de ação e não um estado qualitativo. Embora seja em função do caráter que as pessoas possuem determinadas qualidades, são suas ações que determinam sua felicidade ou o contrário. Assim, os agentes não atuam com o
20 · objetivo de prover imitação de caracteres; antes, o acréscimo é em função de suas ações. Por conseguinte, os atos e a narrativa (roteiro) constituem o fim da tragédia, sendo o fim o mais importante de tudo. Sem ação não há tragédia, enquanto poderia haver se nela não houvesse caráter. Na verdade, falta caráter nas obras da maio-
25 · ria dos autores recentes, e muitos poetas em geral [efetivamente] se enquadram nesse caso, como ocorre entre os pintores; por exemplo, entre Zeuxis[57] e Polignoto, enquanto este último é um excelente retratador do caráter, o primeiro não mostra o menor interesse pelo aspecto moral. Ademais, se alguém estabelece uma sequência de discursos em torno do caráter, de fina composição do ponto de vista
30 · da elocução e do pensamento, não estará executando a obra que é própria da tragédia. Muito melhor seria se a tragédia, ainda que

---

55. Ou seja, poesia lírica.

56. { } Ausente em Kassel, mas presente em Dübner, Bussemaker e Heitz.

57. Zeuxis de Heracleia (fim do século V a.C.): pintor que viveu muito tempo em Atenas, onde conheceu Sócrates.

ARISTÓTELES | 49

precária nesse aspecto, possuísse uma narrativa (roteiro) e estrutura dos atos. Que se acresça que, na tragédia, o que exerce o efeito mais importante sobre as almas são os elementos da narrativa (roteiro), a saber, as peripécias e os reconhecimentos. Um outro indício consiste em os autores em processo de aprendizado conseguirem com maior 35 · facilidade obter precisão em matéria de elocução e caracterização do que em matéria de estruturação dos atos, o que, a propósito, ocorreu com quase todos os primeiros autores [de tragédia].

Assim, a narrativa (roteiro) é o princípio e, por assim dizer, a alma da tragédia, enquanto o caráter moral não passa de secundário (algo semelhante é válido na arte do desenho e da pintura: 1450b1 · se um artista cobrir uma superfície das mais belas cores, porém o fazendo casualmente, nos proporcionará menos prazer do que mediante uma imagem bem traçada num desenho sem pintura). [A tragédia] é imitação da ação e é, sobretudo, em virtude da ação que ela representa os agentes. Em terceiro lugar vem o pensamento, 5 · isto é, a capacidade de dizer o que é pertinente e apropriado, o que nos discursos formais é função da política e da retórica. Os poetas antigos faziam as pessoas[58] se exprimirem politicamente, ao passo que os atuais as fazem se exprimirem retoricamente. *Caráter* é o que revela prévia escolha moral, ou seja, quando falta clareza de uma outra maneira, o que um agente previamente escolhe ou rejeita (o que explica por que, discursos nos quais não há absolutamente nada do que o discursador previamente escolhe ou rejeita não pos-10 · suem caráter); quanto ao pensamento, consiste na demonstração de que uma coisa *é* ou não *é*,[59] ou fazer uma declaração geral. Em quarto lugar vem a elocução, pela qual entendo, como indicado antes, aquilo que consiste na expressão através da escolha das palavras, que possuem a mesma capacidade tanto no verso quanto na prosa. Quanto aos restantes, a poesia lírica consiste no elemento que torna 15 · maximamente agradável o espetáculo, o qual decerto atua sobre as

---

58. Ou melhor, os personagens.

59. ...ὡς ἔστιν ἢ ὡς οὐκ ἔστιν... (*hōs éstin è hōs ouk éstin*).

50 | POÉTICA

almas, mas está fora da arte e não faz parte da poesia: o poder da
tragédia existe independentemente da representação e dos atores,
além do que a arte do *costumier*[60] tem mais importância do que a
20 · do poeta no que se trata de produzir efeitos para o espetáculo.

7

APRESENTADAS ESSAS DEFINIÇÕES, discutamos na sequência as
qualidades necessárias à estrutura dos fatos, visto ser esta algo pri-
mordial e o mais importante da tragédia. Estabelecemos que a tra-
gédia é imitação de uma ação consumada constituindo um todo e
de uma certa extensão (pois é possível termos um todo a que falta
25 · extensão). Um todo é aquilo que possui começo, meio e fim. Um
começo é aquilo que não se segue necessariamente a alguma outra
coisa, mas a partir do qual naturalmente outra coisa se produz. Um
fim é o oposto, ou seja, aquilo que se produz naturalmente quer de
maneira necessária, quer de maneira usual, depois de uma outra coi-
30 · sa, mas que não é seguido pela ocorrência de coisa alguma. O meio
é aquilo que tanto se segue a uma outra coisa quanto é seguido por
uma outra coisa. Portanto, narrativas (roteiros) bem arquitetadas não
devem nem começar nem findar num ponto fortuito, devendo sim
adotar as ideias gerais estabelecidas. Ademais, o belo num animal ou
em qualquer outra coisa composta de partes, não deve se limitar a
35 · apresentar ordem em suas partes, mas também ter certas dimensões
apropriadas, e não devidas ao acaso. O belo consiste numa certa gran-
deza e ordem; daí não ser possível existir um animal belo que fosse
ou demasiado pequeno (porquanto sua observação, ocorrendo num
tempo quase a impossibilitar a percepção, não ofereceria nitidez), ou

---

60. ...σκευοποιοῦ... (*skeuopoioú*), confeccionador dos móveis, equipamentos,
trajes e objetos em geral para encenação da peça, principalmente as más-
caras. Decerto o francês *costumier*, o inglês *costumer* e as nossas expressões
guarda-roupa e *costureiro de teatro* não traduzem fielmente o grego.

ARISTÓTELES | 51

1451a1 · demasiado grande (porquanto sua observação careceria de coesão, seus observadores perdendo o sentido de unidade e conjunto), como no caso de um animal de dez mil estádios[61] de comprimento. Resulta que os nossos corpos, bem como os dos animais, para serem julgados belos, devem possuir uma certa grandeza que possibilite que os abar-

5 · quemos com o olhar, do mesmo modo que as narrativas (roteiros) devem possuir uma extensão que a memória possa apreender. O limite de tal extensão referente às competições e capacidade de atenção é extrínseco à arte, uma vez que se fosse necessário haver competição encenando cem tragédias, estas seriam apresentadas recorrendo-se a clepsidras, como dizem que ocorreu outrora. Todavia, o limite que se

10 · ajusta à real natureza da coisa é que maior extensão, desde que preserve a clareza, significa maior beleza no que respeita à grandeza. Se quisermos estabelecer simplesmente uma definição, diremos que a extensão que possibilita a ocorrência de uma transformação, numa sucessão provável ou necessária de eventos, do fracasso ao sucesso ou

15 · do sucesso ao fracasso, constitui um limite de grandeza que basta.

8

SE CONSTRUÍDA EM TORNO DE UM INDIVÍDUO, uma narrativa (roteiro) não é una, como alguns o creem. Durante uma existência muitos eventos são produzidos numa quantidade inumerável, e nem todos constituem uma unidade; do mesmo modo, um indivíduo executa muitas ações que não resultam numa ação unitária. Assim, incorrem claramente em erro todos aqueles poetas que compuseram

20 · uma *Heracleida*, uma *Teseida* e poemas semelhantes.[62] Julgam que,

---

61. Cada estádio corresponde a cerca de um oitavo de milha.

62. Aristóteles alude a poemas épicos celebrando feitos de Héracles e de Teseu que foram compostos entre os séculos VII e V a.C. por poetas como Pisandro de Rodes, Paniasis de Samos e Baquílides de Ceos. Certamente tudo o que resta desses poemas são uns poucos fragmentos.

52 | POÉTICA

considerando-se que Héracles era um indivíduo, confere também unidade à narrativa (roteiro). Mas Homero, que nesse aspecto é superior, também discerniu bem, seja por sua arte, seja por um dom natural, esse ponto; de fato, ainda que compondo a *Odisseia*, não
25 · incluiu todos os acontecimentos da vida do herói[63] (por exemplo, o ferimento que sofreu no Parnaso[64] ou sua simulação de loucura por ocasião da reunião do exército[65]), onde falta aos eventos vinculações necessárias ou prováveis. É gravitando em torno de uma ação única, como o dissemos, que ele juntou os elementos da *Odisseia*, tendo feito o mesmo com relação à *Ilíada*. Convém, portanto, que, tal
30 · como nas demais artes imitativas, a imitação, nesse caso, seja una, focando um objeto único; daí, na narrativa (roteiro), porquanto ela é imitação de uma ação, interessa que a imitação seja una e integral e que as partes sejam estruturadas de tal maneira que, se uma ou outra delas for deslocada ou removida, o todo será modificado e abalado, uma vez que aquilo cuja presença ou ausência carece de uma clara
35 · significação não constitui uma parte integrante do todo.

9

DO QUE FOI DITO, TAMBÉM FICA EVIDENTE que não é função do poeta realizar um relato exato dos eventos, mas sim daquilo que poderia acontecer e que é possível dentro da probabilidade ou da necessidade. O historiador e o poeta não se diferenciam pelo fato de um

---

63. Odisseu.

64. Causado pela dentada de um javali. Esse ferimento deixaria uma cicatriz, pela qual Euricleia, a velha ama de leite, identificaria seu senhor (disfarçado de mendigo) em Ítaca quando regressou de Troia. Quer devido a uma omissão, ou a uma inclusão posterior, a afirmação de Aristóteles não procede, pois Homero, no Canto XIX, 393-466, refere-se a esse episódio.

65. Odisseu fingiu estar louco para não participar da expedição guerreira contra Troia.

ARISTÓTELES | 53

1451b1 · usar prosa e o outro, versos. A obra de Heródoto[66] poderia ser versificada, com o que não seria menos obra de história, estando a métrica presente ou não. A diferença está no fato de o primeiro relatar o que aconteceu realmente, enquanto o segundo, o que poderia ter aconte-
5 · cido. Consequentemente, a poesia é mais filosófica e mais séria[67] do que a história, pois a poesia se ocupa mais do universal, ao passo que a história se restringe ao particular. O *universal*[68] é o que cabe a um certo tipo de pessoas dizer ou fazer em determinadas circunstâncias segundo o provável ou o necessário; esse é o objetivo da poesia, ain-
10 · da que atribuindo nomes aos indivíduos. O *particular*,[69] o que fez Alcibíades[70] ou o que experimentou. Na comédia isso atualmente foi evidenciado, porquanto os autores, para construírem a narrativa (roteiro), começam por se basear na probabilidade para só depois propor nomes casuais e, como os poetas iâmbicos, não escrevem acerca de uma pessoa particular. No que diz respeito à tragédia, porém, os
15 · poetas recorrem aos nomes reais.[71] A razão disso é o possível parecer plausível; no que tange à possibilidade de coisas que não aconteceram não dispomos ainda de certeza; entretanto, a possibilidade de eventos reais evidencia-se por si só: não teriam se produzido se não houvesse sido possível. A despeito disso, mesmo em algumas tragédias encon-
20 · tramos apenas um ou dois nomes conhecidos, sendo os demais inven-

---

66. Heródoto de Halicarnasso (?484-?425 a.C.), historiador chamado de *o pai da história* e que se celebrizou sobretudo por sua história dos povos do oriente e das guerras médicas.

67. ...σπουδαιότερον... (*spoudaióteron*), ou seja, mais elevada do prisma ético.

68. ...καθόλου... (*kathólou*).

69. ...τò δè καθ' ἕκαστον... (*tò dè kath' hékaston*).

70. Alcibíades de Atenas (*c.* 450-404 a.C.), discípulo preferido de Sócrates, célebre por sua beleza física, irreverência e imodéstia. Não se consagrou nem como filósofo, nem como político e nem como general, embora sua nobre estirpe (seu tutor era o próprio Péricles) lhe houvesse aberto todos esses caminhos. Aparece com frequência na obra de Platão, destacando-se principalmente em *O Banquete*, no *Protágoras*, e no diálogo suspeito *Alcibíades* e no apócrifo *Segundo Alcibíades* como interlocutor de Sócrates.

71. Ou seja, nomes já presentes na tradição mítica.

54 | POÉTICA

tados; em certas peças, como o *Anteu* de Agaton,[72] nenhum nome é conhecido: fatos e igualmente nomes são fictícios, o que não diminui o prazer que nos proporcionam. Conclui-se que não se deve a todo custo recorrer às narrativas tradicionais, com base nas quais foram
25 · compostas nossas tragédias. De fato, a busca desse recurso é ridícula, porquanto mesmo os temas conhecidos são efetivamente conhecidos só por uma minoria, ainda que agradem a todos. Isso deixa claro que o *poeta* deve ser mais um *criador*[73] de narrativas (roteiros) do que de versos, na medida em que é poeta devido à imitação, e esta sua imitação é das ações. Mesmo que sua poesia verse sobre eventos passados,
30 · não é por isso que ele é menos poeta, visto nada impedir que alguns eventos passados sejam tanto prováveis quanto possíveis, e é com base na probabilidade que o poeta cria a partir deles.

Entre as narrativas (roteiros) simples e ações simples, as episódicas são as piores. Entendo por narrativa episódica aquela em que os episódios se sucedem sem conformidade com a probabilidade ou
35 · com a necessidade. Essas composições são de maus poetas devido à sua própria deficiência e de bons poetas devido aos atores: de fato, ao compor uma peça destinada a um concurso, e estender a narra-
1452a1 · tiva além da capacidade dela, muitas vezes são forçados a distorcer o sequenciamento. Pelo fato de que a imitação não é apenas de uma ação completa, mas também de aspectos que provocam medo e compaixão, estas últimas surgem, sobretudo, quando os eventos encadeiam-se contrariando nossa expectativa. O espantoso será preservado mais dessa maneira do que por meio do espontâneo e
5 · do casual, pois até entre eventos devidos ao acaso julgamos como os mais espantosos os que parecem haver resultado de um desígnio, como quando a estátua de Mítios em Argos matou o culpado pela

---

72. Agaton de Atenas (*c.* 448-401 a.C.), poeta trágico contemporâneo de Sócrates e de Aristófanes e amigo do primeiro e de Alcibíades. Sua primeira peça foi premiada em 416 a.C. e posteriormente ele se transferiu para a Macedônia, junto à corte do rei Arquelau. A peça *Anteu* foi perdida e não chegou a nós.

73. O autor utiliza ...ποιητὴν... (*poiētền*) tanto no sentido específico (poeta) quanto no genérico (criador).

morte de Mítios esmagando-o quando ele a observava. Incidentes como esse não parecem ocorrer fortuitamente. Assim, essas narra-
10 · tivas necessariamente são mais belas.

10

HÁ NARRATIVAS SIMPLES E COMPLEXAS, até porque as ações imitadas pelas narrativas enquadram-se precisamente nesses tipos. Entendo como *simples*[74] uma ação que é contínua como o
15 · definimos e unitária, embora falte à sua transformação peripécia e reconhecimento; *complexa*,[75] aquela cuja transformação contém reconhecimento ou peripécia, ou ambos. Esses elementos devem surgir da própria estrutura da narrativa, de modo a se sucederem
20 · aos eventos anteriores por necessidade ou por probabilidade, pois há uma grande diferença entre eventos se produzirem por causa de seus antecedentes ou somente depois de seus antecedentes.

11

A PERIPÉCIA É UMA MUDANÇA PARA A DIREÇÃO contrária dos eventos, como já indicado, em conformidade com a probabilidade ou com a necessidade, como ocorre no *Édipo*,[76] em que a pessoa que crê vir trazer alegria a Édipo, e tenciona livrá-lo da apreensão em relação
25 · à sua mãe,[77] produz o resultado contrário. Do mesmo modo, no *Lin-*

---

74. ...ἁπλῆν... (*haplên*).

75. ...πεπλεγμένην... (*peplegménēn*).

76. Tragédia de Sófocles. Aristóteles refere-se à cena em que Édipo é informado pelo mensageiro da morte de Polibo e que ele, Édipo, não é seu filho. Polibo, rei de Corinto, era o pai adotivo de Édipo.

77. Jocasta, rainha de Tebas e mãe verdadeira de Édipo.

56 | POÉTICA

ceu,[78] este personagem é encaminhado à execução, acompanhado por Danaos com o fito de matá-lo, e, no entanto, a sequência dos eventos indica a morte de Danaos e a preservação do primeiro. O reconhecimento, como denota o próprio nome,[79] é uma mudança da ignorância para o conhecimento, que conduz à amizade ou à inimizade, e envolvendo personagens destinados à boa sorte ou ao infortúnio. O melhor reconhecimento é o que ocorre concomitantemente a uma peripécia, como acontece no *Édipo*. Há também outros tipos de reconhecimento, porquanto o que foi indicado ocorre, de certa maneira, relativamente a coisas inanimadas e mesmo coisas devidas ao acaso, sendo, inclusive, possível reconhecer que uma pessoa realizou ou não uma ação. Mas o tipo de reconhecimento que melhor responde à narrativa e à ação é o que indicamos. De fato, essa conjunção de reconhecimento e peripécia produzirá compaixão ou medo, precisamente os tipos de atos dos quais se considera que a tragédia seja uma imitação; além disso, tanto a má sorte quanto a boa sorte dependem de tais circunstâncias. Sendo o reconhecimento entre pessoas, alguns casos se limitam à relação de uma parte com a outra, esta segunda parte já sendo conhecida, enquanto em outros casos ambas as partes têm que se reconhecer. Assim, Ifigênia é reconhecida por Orestes graças ao envio da carta, ao passo que para Ifigênia reconhecê-lo um outro reconhecimento foi necessário.[80]

Eis aí duas partes constituintes da narrativa, quais sejam, peripécia e reconhecimento. Uma terceira é o *sofrimento*.[81] A peripécia e o reconhecimento já foram explicados. O sofrimento se deve a

---

78. Tragédia de Teodectes de Faselis (século IV a.C.).

79. ...ἀναγνώρισις... (*anagnṓrisis*): a raiz dessa palavra é ἄγνοια (*ágnoia*), que significa desconhecimento, ignorância.

80. Aristóteles se refere a *Ifigênia na Táurida*, de Eurípides.

81. ...πάθος... (*páthos*), genericamente tudo aquilo que experimentamos afetando nosso corpo ou nossa alma. Mas o sentido aqui é ainda mais restrito do que paixão ou emoção, tendo claramente um viés e peso negativos: algo a que somos submetidos de maneira necessariamente dolorosa ou aniquiladora, embora não seja propriamente uma doença ou estado mórbido. A imediata sequência do texto arroja melhor luz ao que Aristóteles entende aqui por *pathos*.

ARISTÓTELES | 57

uma ação destrutiva ou dolorosa, tal como mortes no palco, agonias, ferimentos e outras coisas semelhantes.

12

TRATAMOS ANTERIORMENTE DOS COMPONENTES da tragédia a serem utilizados como elementos básicos. Quanto às partes
15 · distintas em que ela se divide, são as seguintes: prólogo, episódio, saída do coro, canto do coro,[82] este último subdividindo-se em *parodos*[83] e *estasimon*.[84] Essas partes são comuns a todas, enquanto *esquenes*[85] e *comoi*[86] eram próprias de algumas. O prólogo é a parte autossuficiente da tragédia, que antecede a entrada do coro;
20 · episódio, a parte integral da tragédia entre cantos completos do coro; a *saída do coro*,[87] a parte integral da tragédia que sucede ao último canto do coro. Dos cantos do coro, o *parodos* é a primeira intervenção completa do coro, enquanto o *estasimon* é um canto do coro destituído de versos anapésticos[88] e trocaicos;[89] *comos* é um canto fúnebre de que participam tanto o coro quanto os atores.
25 · Referimo-nos anteriormente aos componentes da tragédia a serem

---

82. Lembremos que o coro, (χόρος [*chóros*]) era primordialmente a *dança* geralmente acompanhada por cantos e não apenas o grupo vocal que interpreta coletivamente um canto, como o entendemos modernamente de modo restritivo.

83. ...πάροδος... (*párodos*), primeiro canto do coro ao entrar em cena.

84 ...στάσιμον... (*stásimon*), fragmento cantado pelo coro sem este mudar de lugar.

85. ...σκηνῆς... (*skēnês*), árias interpretadas pelos próprios atores, sem participação do coro.

86. ...κομμοί... (*kommoí*), cantos fúnebres interpretados sucessivamente por um dos atores principais ou vários deles e por todo o coro.

87. ...ἔξοδος... (*éxodos*).

88. Com pé de duas breves e uma longa.

89. Com pé de uma longa e uma breve.

58 | POÉTICA

utilizados como elementos básicos. Suas partes distintas são as que acabamos de indicar.

13

SUCEDENDO-SE À DISCUSSÃO ANTERIOR, CABE-NOS examinar, relativamente à construção das narrativas, o que deve ser almejado e o que deve ser evitado, e como conseguir o efeito do trágico. Como a
30 · estrutura da mais bela tragédia não deve ser simples, mas complexa, bem como capaz de imitar eventos que provocam medo e compaixão (porquanto é isso que caracteriza tal imitação), fica claro, em primeiro lugar, que nem devem homens de bom caráter ser mostrados passando da boa sorte ao infortúnio, visto que isso não provoca
35 · medo ou compaixão, mas sim repugnância, nem devem aqueles de mau caráter ser mostrados passando da má sorte à boa sorte, visto ser isso, entre todas as coisas, o que há de mais não trágico, carente de todas as qualidades que constituem requisito [da tragédia], porquanto não desperta nem amor à humanidade, nem compaixão, nem medo.
1453a1 · Tampouco deve a tragédia mostrar alguém sumamente perverso decaindo da boa sorte para o infortúnio, situação capaz de despertar amor à humanidade, porém não compaixão ou medo, posto que a primeira é experimentada diante daquele que não merece o infortúnio, ao passo que o segundo diante daquela pessoa semelhante a nós
5 · (compaixão por quem não merece, medo por quem se assemelha a nós). Ora, o resultado não será algo capaz nem de causar compaixão, nem de causar medo. A posição entre esses casos é a intermediária, ou seja, da pessoa que embora não se distinga pela virtude e pela justiça, também não cai presa do infortúnio devido ao vício e à perversidade, isso lhe ocorrendo devido a algum erro, pessoa essa que goza de gran-
10 · de reputação e prosperidade,[90] tais como Édipo e Tiestes e homens ilustres dessas famílias. Assim, é necessário para uma narrativa bem

---

90. ...εὐτυχίᾳ... (*eutychíāi*), literal e etimologicamente *boa sorte*.

ARISTÓTELES | 59

construída que seja simples e não, como muitos sustentam, dupla, apresentando uma mudança não do infortúnio para a boa sorte, mas, ao contrário, da boa sorte para o infortúnio, a qual é causada não pela perversidade do personagem, mas por algum grande erro,
15 · como o indicamos, o personagem sendo mais voltado para o bem do que para o mal. (O que constitui a prática real é também sinal disso. Originalmente, os poetas narravam toda e qualquer história, enquanto atualmente[91] as melhores tragédias dizem respeito a apenas umas poucas famílias, tais como as de Alcméon, Édipo, Orestes,
20 · Meleagro, Tiestes, Telefos,[92] bem como a tantos outros personagens que sofreram ou praticaram coisas terríveis.) Portanto, a mais bela tragédia, conforme o permite a arte, adota essa estrutura. E também incorrem no erro aqueles que se queixam que Eurípides procede as-
25 · sim em suas tragédias, fazendo, inclusive, que muitas delas terminem em infortúnio. Esse procedimento, como dissemos, é o correto. E a maior indicação disso é que, no teatro e nos concursos teatrais, essas peças, se bem dirigidas, resultando em sucesso, revelam-se as mais trágicas, e Eurípides, ainda que não administre bem outros aspectos,
30 · é tido, a despeito disso, como o mais trágico dos poetas. A segunda melhor estrutura, considerada por alguns como sendo a melhor, é um tipo duplo, como na *Odisseia*, com desfechos opostos para os bons e os maus. É julgada a melhor por conta da pobreza de espírito dos espectadores, pois os poetas orientam-se e compactuam com o
35 · gosto do público. Entretanto, esse não é o prazer que se espera da

---

91. O leitor deve ter em mente que Aristóteles viveu no século IV a.C.

92. Todos esses personagens (geradores ordinariamente de tragédias amiúde homônimas, a maior parte perdidas, como *Os Misianos*, tragédia provavelmente da autoria de Ésquilo e mais de um *Telefos*, o de Eurípides e o de Agaton) cometeram crimes de sangue, isto é, crimes no seio de suas próprias famílias e estirpes, ou foram vítimas desse tipo de crime: Alcméon e Orestes mataram suas mães, Édipo matou o pai e cometeu incesto com a mãe, Tiestes assassinou seu meio-irmão, Telefos cometeu incesto com a mãe (além de mudar sua posição na Guerra de Troia) e Meleagro foi morto pela mãe. Esses personagens, atendo-nos aqui ao enforque de Aristóteles, não eram pessoas propriamente de mau caráter, viciosas ou perversas, mas, enredados pelas circunstâncias, cometeram erros.

60 | POÉTICA

tragédia, sendo mais próprio à comédia, na qual inimigos figadais na narrativa como Orestes e Egisto[93] partem no fim como amigos, sem que nenhum morra pelas mãos do outro.

14

1453b1 · ORA, O QUE DESPERTA MEDO E COMPAIXÃO pode nascer do espetáculo,[94] como da própria estrutura dos fatos, que constitui a prioridade e o objetivo de um poeta superior. De fato, a narrativa deveria ser estruturada de tal modo que, *ainda que não a vendo representada*, aquele que *escuta* os fatos que se passam experimenta 5 · horror e compaixão ao ouvir o que sucede, como experimentaria ao ouvir a narrativa de *Édipo*. Atingir esse resultado mediante o espetáculo pouco tem a ver com a arte e requer recursos daquele que equipa e organiza o coro. Os que empregam o espetáculo não para provocar o medo, mas tão só para exibir o monstruoso não partici-10 · pam de modo algum do trágico, pois não se deve buscar na tragédia qualquer prazer, mas somente o que lhe é próprio. E como cabe ao poeta produzir o prazer que provém da compaixão e do medo via imitação, evidentemente eles devem ser suscitados nos fatos.

Examinemos, portanto, quais tipos de incidentes nos parecem capazes de transmitir terror ou compaixão. Ora, essas ações ocorrem 15 · necessariamente entre amigos,[95] inimigos ou nem uma coisa nem outra. Caso se trate da ação de um inimigo contra o inimigo, nada há a suscitar compaixão quer no ato, quer na expectativa do ato, salvo o sofrimento enquanto tal; tampouco se as partes são neutras. Quando, porém, os sofrimentos ocorrem entre indivíduos ligados pela afeição,

---

93. Amante e cúmplice de Clitemnestra (mãe de Orestes) no assassínio de Agamenon (esposo de Clitemnestra e pai de Orestes).

94. ...ὄψεως... (*ópseōs*), é o termo empregado, como de costume, por Aristóteles, ou seja, a visão do drama representado por parte do espectador.

95. ...φίλων... (*phílōn*), mas abrangendo aqui também os familiares.

20 · irmão matando irmão, filho matando pai, mãe matando filho, filho matando mãe, ou estando na iminência de o fazer, ou cometendo alguma outra ação semelhante, são esses os casos que a tragédia deve buscar. Não é permissível que se altere qualquer coisa nas narrativas que nos são transmitidas – quero dizer, por exemplo, Clitemnestra morta por Orestes, Erifile[96] por Alcméon – embora o poeta deva ser
25 · inventivo e utilizar bem as histórias legadas pela tradição. Devo explicar com maior clareza o que entendo por "utilizar bem". Para começar, a ação pode ocorrer como ocorre nos poetas antigos, que faziam seus personagens agirem com ciência e consciência, do que Eurípides é exemplo ao fazer Medeia[97] matar seus filhos. Uma alternativa é deixar
30 · os personagens cometerem a ação terrível em ignorância, para depois descobrirem o parentesco, como o Édipo de Sófocles;[98] neste caso a ação é externa à peça, mas há casos em que é interna, como para o *Alcméon* de Astidamas[99] ou para Telêgono em *Odisseu ferido*.[100] Resta uma terceira possibilidade, em que alguém prestes a cometer algum
35 · erro irreparável por ignorância efetua um reconhecimento antes de cometê-lo. Fora esses casos, não são possíveis outros. Necessariamente, a ação ou é ou não é realizada por agentes que têm conhecimento ou não têm. Dentre esses casos, o pior é aquele de alguém que está na iminência de agir cientemente, mas que não o faz. Isso é a uma vez repugnante e não trágico, pois o sofrimento está ausente. É a razão de ninguém produzir semelhante situação, ou isso ocorrer apenas espo-

---

96.   Mãe de Alcméon e esposa de Anfiarau.

97.   Filha de Aeétes (soberano da Cólquida), sacerdotisa de Hécate e companheira de Jasão.

98.   Édipo mata o pai Laius e comete incesto com a mãe Jocasta sem saber que eram seus pais.

99.   Não sabemos se Aristóteles alude a Astidamas de Atenas, o Velho (*circa* 370 a.C.) ou Astidamas de Atenas, o Jovem (*circa* 320 a.C.). É mais provável que tenha em mente o primeiro.

100.   ...τραυματία Ὀδυσσεῖ... (*traumatíai Odysseî*). Telêgono, filho de Odisseu e Circe, teria, sem saber da paternidade, enfrentado e matado seu pai. É de autoria de Sófocles uma peça, para nós perdida, em torno desse tema.

62 | POÉTICA

1454a1 · radicamente, por exemplo, com Hemon e Creonte em *Antígona*.[101] A
segunda situação é a da ação realizada.[102] Melhor é a ação executada
na ignorância e seguida pelo reconhecimento: neste caso a repugnân-
cia está totalmente ausente e o reconhecimento causa pasmo. Mas o
último caso é o melhor: refiro-me, por exemplo, a Merope no *Cres-*
5 · *fonte*,[103] quando, prestes a matar seu filho, ela o reconhece a tempo;
o mesmo ocorre com a irmã em relação ao irmão em *Ifigênia*[104] e em
Helle,[105] onde o filho reconhece a mãe na iminência de entregá-la ao
seu inimigo. Devido a isso, como o disse anteriormente, não são mui-
10 · tas as famílias que suprem temas às tragédias. Durante suas buscas,
não foi a arte, mas o acaso que fez os poetas descobrirem a maneira de
produzir tais efeitos em suas narrativas; assim, veem-se agora forçados
a ocupar-se dessas famílias atingidas por tais sofrimentos. Com isso,
discorremos o suficiente acerca da estrutura dos fatos e das qualidades
15 · que são necessárias às narrativas.

15

QUANTO AOS CARACTERES, QUATRO PONTOS devem ser visados,
em primeiro lugar e, sobretudo, que sejam de boa qualidade. O cará-
ter do personagem surge no momento em que, como foi dito antes,
o discurso ou a ação revela uma prévia escolha; e um bom caráter
quando a prévia escolha é boa. O bom caráter existe em cada tipo
20 · de pessoa: há uma boa mulher como há um bom escravo, ainda que
a primeira seja um tipo inferior, e o segundo totalmente desprezível.
O segundo ponto a ser visado é a conveniência. Decerto há algo que

---

101. Sófocles: Hemon volta atrás quanto à sua tentativa de matar o pai, Creonte.

102. E cientemente.

103. Tragédia de Eurípides.

104. Eurípides.

105. ...Ἕλλη... (*Héllēi*), tragédia para nós perdida.

ARISTÓTELES | 63

é a coragem no caráter, mas não é conveniente a uma mulher ser corajosa ou bem dotada nesse sentido. O terceiro ponto a ser visado é a semelhança, o que é distinto de tornar o caráter bom e conve-
25 · niente, conforme foi indicado. O quarto é a coerência, ainda que a pessoa representada seja incoerente, e sendo esse caráter pressuposto, deveria conservar-se coerentemente incoerente. Um exemplo de perversidade desnecessária no caráter é Menelau no *Orestes*; de um
30 · caráter inapto e inconveniente, o do lamento de Odisseu em *Cila*[106] e do discurso de Melanipe;[107] de um caráter incoerente, *Ifigênia em Áulis*,[108] onde ela,[109] a suplicante, não se assemelha ao que ela é mais tarde. No que diz respeito ao caráter, do mesmo modo que na estrutura dos fatos, cumpre sempre vincular-se ao necessário ou ao
35 · provável, de modo que em seu discurso ou em suas ações, a pessoa se conforme ao necessário, ou ao provável, sendo a sequência dos eventos também necessária ou provável. (É evidente que os desenlaces[110] das narrativas devem emergir da própria narrativa e não, como em
1454b1 · *Medeia*,[111] de um artifício cênico,[112] e como na *Ilíada* na cena da partida.[113] Deve-se recorrer ao artifício cênico no caso de eventos externos ao drama, produzidos anteriormente a eventos que ultrapassam o conhecimento humano, ou eventos posteriores que exigem

---

106. Não sabemos ao que exatamente Aristóteles se reporta. Provavelmente a um ditirambo de Timóteo tendo como objeto Cila, o monstro marinho, presente também em Homero, *Odisseia*, Canto XII, 85 e segs.

107. Personagem feminina de peça homônima perdida de Eurípides.

108. Eurípides.

109. Isto é, Ifigênia.

110. ...λύσεις... (*lýseis*), termo aqui de difícil tradução para nosso vernáculo, que o termo francês *dénouements* traduz melhor. Está necessariamente implícito em λύσις (*lýsis*) a solução ou dissolução de uma dificuldade ou impasse.

111. Eurípides.

112. Medeia foge numa carruagem atrelada a dois dragões alados, a qual fora um presente de seu avô, o deus Hélio (o sol).

113. Os gregos são impedidos de renunciar à guerra por sua protetora, a deusa Atena. Ver Homero, *Ilíada*, Canto II, 166 e segs.

64 | POÉTICA

5 · previsão e anúncio; de fato, é aos deuses que atribuímos a faculdade de tudo ver. No curso dos eventos nada deve haver que contrarie a razão. Se houver, deverá situar-se fora da tragédia, como no *Édipo* de Sófocles. Como a tragédia é imitação daqueles que são melhores do que nós, convém agir como os bons pintores de retratos, que 10 · reproduzem os traços distintivos de um indivíduo e, concomitantemente, sem perder de vista a semelhança, aumentam a beleza dele. Do mesmo modo, o poeta, ao retratar pessoas irascíveis e indolentes, e outras dotadas de falhas semelhantes no caráter, deve, a despeito de representá-las como são, torná-las detentoras de equidade, como *{Homero, que tornou bom Aquiles, modelo de rudeza.}* [114] Convém 15 · observar essas coisas, bem como os pontos advindos das sensações necessariamente associadas à criação poética. Com respeito a isso, muitos erros podem ser cometidos. Nos nossos tratados já tornados públicos esse assunto foi suficientemente discutido.[115]

16

DISSEMOS ANTERIORMENTE O QUE É o reconhecimento, e de suas espécies a primeira é a menos artística e a mais utilizada em 20 · função da falta da inventividade [dos poetas]: trata-se do reconhecimento através de sinais. Entre estes, alguns são congênitos, como a "lança portada pelos Nascidos da terra",[116] ou as estrelas como as

---

114. { } O texto de Dübner, Bussemaker e Heitz registra ...παράδειγμα σκληρότητος... (*parádeigma sklērótētos*), modelo de rudeza, entre colchetes, como dúbio, além de registrar ...Ἀγάθων... (*Agáthōn*) em lugar de ...ἀγαθὸν... (*agathòn*), o que altera substancialmente o sentido. Assim, embora tenhamos optado por Kassel, apresentamos aqui a tradução alternativa: ...*Aquiles [modelo de rudeza] em Agaton e Homero...* .

115. Alusão ao Περὶ ποιητῶν (*Peri poiētôn*), *Dos poetas*, obra da juventude de Aristóteles para nós perdida.

116. ..."λόγχνη ἦν φοροῦσι Γηγενεῖς"... (*"lónchnē hḕn phoroûsi Gēgeneîs"*): Aristóteles faz uma citação de uma tragédia que nos é desconhecida. Entre-

ARISTÓTELES | 65

empregadas por Carcino[117] no *Tiestes*; outros são adquiridos, que podem ser divididos em corpóreos, como as cicatrizes, e externos,
25 · como os colares ou o cesto-berço flutuante[118] em *Tiro*.[119] Mesmo esses sinais são passíveis de ser usados de uma maneira melhor ou pior, por exemplo: através de sua cicatriz Odisseu foi reconhecido de maneiras distintas por sua ama de leite e pelos porqueiros[120]; reconhecimentos feitos pela certeza gerada pelo sinal, bem como todos desse tipo, são menos artísticos, enquanto os ligados às peri-
30 · pécias, como a Cena do Banho,[121] são superiores. A segunda espécie é a devida à inventividade do poeta e, consequentemente, desti-tuída de arte. Por exemplo, Orestes em *Ifigênia* se faz reconhecer declarando quem é, Ifigênia o faz mediante a carta, mas o próprio Orestes diz não o que a narrativa quer que ele diga, mas o que o poeta quer que ele diga. Esse recurso está próximo da falha que eu
35 · apontei, visto que ele[122] poderia ter apresentado alguns sinais seus. O mesmo vale para a voz da lançadeira no *Tereu* de Sófocles. A ter-ceira espécie é através da memória, caso em que a visão de alguma coisa promove uma sensação, como ocorre em *Cipriotas* de Dicaio-
1455a1 · genes[123] – a visão de um quadro leva um personagem ao pranto – e na narrativa que Odisseu faz a Alcínoo:[124] ao ouvir o harpista, isso lhe faz evocar a lembrança, e ele chora; com isso são reconheci-dos. A quarta espécie é o reconhecimento através do raciocínio,

---

tanto, a referência é à marca de nascença daqueles que nasceram dos dentes do dragão semeados por Cadmo. Cadmo foi não só o exterminador desse dragão, como o fundador da cidadela de Tebas.

117. Há mais de um Carcino de Atenas, poeta trágico. Mas é provável que Aristóteles se refira ao do século IV.

118. ...σκάφης... (*skáphēs*), também pequeno barco.

119. Peça perdida de Sófocles.

120. Ver Homero, *Odisseia*, Canto XIX, 386 e segs.

121. Ver nota anterior.

122. Orestes.

123. Trágico do fim do século V a.C. Quanto à sua obra, desconhecemo-la.

124. Homero, *Odisseia*, Canto VIII, 521 e segs.

66 | POÉTICA

como por exemplo no *Coéforos*:[125] alguém que se assemelha a ela[126] chegou; como a única pessoa que se assemelha a ela é Orestes, foi

5 · Orestes que chegou. O mesmo vale para o reconhecimento, no caso de Ifigênia, por parte de Polidos, o sofista:[127] era provável, disse ele, que Orestes raciocinasse que, tendo sido sua irmã sacrificada, a ele devia acontecer o mesmo. Também no *Tideu* de Teodectes[128] há a reflexão de que tendo vindo na esperança de encontrar seu filho, também ele próprio encontraria a morte. Que acresçamos os

10 · *Fineidas*:[129] ao contemplarem aquele lugar, as mulheres inferiram que seu destino era ali morrer, onde haviam sido, inclusive, expostas. É possível também que um reconhecimento seja devido a um raciocínio equivocado por parte dos espectadores, como em *Odisseu, o falso mensageiro*:[130] que unicamente ele era capaz de distender o arco é uma invenção do poeta e hipótese, ainda que dissesse que reconheceria o arco que não vira. Entretanto, supor a partir disso que ele o reconheceria por esse meio, quando se esperava que ele

15 · produziria reconhecimento de um outro modo, implica raciocínio equivocado. Mas o melhor reconhecimento, entre todos, é o que se segue aos próprios fatos, pois nesse caso o efeito-surpresa provém de uma sequência provável, como no *Édipo* e *Ifigênia* de Sófocles, onde há a probabilidade de que ela deseje confiar uma carta. De fato, somente esse tipo de reconhecimento dispensa sinais imaginados

20 · e colares. O segundo melhor é o reconhecimento por raciocínio.

---

125. Peça de Ésquilo.

126. Ou seja, Eletra.

127. A identidade desse Polidos, poeta trágico e sofista, é problemática. Talvez se trate do mesmo Polidos (florescente em torno de 395 a.C.), figura versátil versada em ditirambos, pintura e música.

128. Teodectes de Faselis (nascido por volta de 380 a.C.), poeta trágico e orador. Mas nada se conhece da peça mencionada por Aristóteles.

129. Os filhos de Fineu, rei da Trácia, foram objeto de tragédias tanto de Ésquilo quanto de Sófocles.

130. Ὀδυσσεῖ τῷ ψευδαγγέλῳ (*Odysseî tôi pseudangélôi*), tragédia desconhecida.

ARISTÓTELES | 67

17

QUANDO SE CONSTRÓI NARRATIVAS e se está envolvido na elocução em que são elaboradas, convém lembrar de dispor as cenas reais, na medida do possível, diante dos próprios olhos. Ao ver coisas de maneira sumamente vívida, como se presentes nos fatos reais,
25 · descobrir-se-á o que é o apropriado e sem que se incorra em contradições. É indicação disso a crítica que foi dirigida a Carcino: Anfiarau retornava de um santuário, o que passava despercebido caso não fosse efetivamente visualizado; na representação, isso incomodou a plateia e a peça fracassou. Na medida do possível, deve-se, inclusive, trabalhar a
30 · narrativa com os próprios gestos, visto que há uma afinidade natural que faz daqueles tomados por emoções os personagens mais convincentes, e a angústia ou ira mais genuínas são transmitidas por aquele que realmente experimenta esses sentimentos. Eis por que a criação poética é obra de pessoas bem dotadas ou pessoas exaltadas:[131] as primeiras têm facilidade para modelar caracteres, enquanto as segundas, para o arrebatamento. Munido tanto de histórias já disponíveis quanto de suas próprias invenções, o poeta deve estabelecer a estru-
1455b1 · tura geral, para só depois disso desenvolver a sucessão dos episódios. Para o que entendo por observar a estrutura geral, basta tomar *Ifigênia*. Uma virgem, na iminência de ser sacrificada, foi subtraída, sem deixar um só traço, de seus sacrificadores, para ser transportada a um outro país, onde a lei determinava a imolação de estrangeiros à deusa,
5 · e ela se tornou a sacerdotisa desse rito. Posteriormente, acontece de o irmão da sacerdotisa chegar a esse país, sendo que o fato de o oráculo do deus o haver instruído para que lá fosse e o objetivo de sua ida são externos à narrativa. Aprisionado logo depois de sua chegada, e na iminência de ser imolado, ele se faz reconhecer, seja como o explica Eurípides, seja como o explica Polidos, dizendo, como era
10 · provável, que não só sua irmã estava condenada ao sacrifício, como

---

131. ...μανικοῦ... (*manikoú*), o êxtase da inspiração divina é identificado com o delírio provocado pela loucura.

68 | POÉTICA

ele também, com o que tem sua salvação. O estágio seguinte consiste em suprir nomes e conceber os episódios, mas é necessário tomar cuidado no sentido de manter a integridade dos episódios: assim, no que se refere a Orestes, a crise de loucura que levou à sua captura
15 · e sua salvação pela purificação. Nas peças os episódios são concisos, ao passo que na poesia épica servem para aumentar a extensão do poema. O argumento na *Odisseia* não é longo, ou seja: um homem permanece longe de casa durante muitos anos; é vigiado por Poseidon e acaba sozinho; ademais, a situação em sua casa é tal que seus
20 · bens são dilapidados por pretendentes [de sua mulher] e seu filho se torna objeto de suas maquinações; ele, porém, retorna após um naufrágio, permite que algumas pessoas o reconheçam e ataca obtendo com isso sua sobrevivência e o aniquilamento dos inimigos. Isso é o essencial, tudo o mais são episódios.

18

TODA TRAGÉDIA ENCERRA A COMPLICAÇÃO e o desenlace:[132] na complicação estão contidos eventos externos à peça, e amiúde
25 · alguns deles que nela ingressam. O restante é o desenlace. Chamo de complicação o que se estende do início ao ponto extremo que antecede a mudança para a boa sorte ou a má sorte; desenlace o que se estende do começo da mudança ao fim. Assim, no *Linceu* de Teodectes, a complicação abrange os fatos ocorridos, o agar-
30 · ramento da criança e, ademais, sua...,[133] enquanto o desenlace vai da acusação de assassinato até o fim. Há quatro espécies de tragédia (correspondente ao número de componentes mencionados): a complexa, composta inteiramente pela peripécia e o reconhe-

---

132. Ver nota 110.

133. Tanto Kassel quanto Dübner, Bussemaker e Heitz indicam aqui uma falha do manuscrito.

ARISTÓTELES | 69

cimento; a do sofrimento,[134] como aquelas dos Ajax e Ixion;[135] a
1456a1 · baseada no caráter, tal como o *Ftiotides*[136] e o *Peleu*;[137] a quarta
espécie é a simples,[138] como o *Forcides*[139] e o *Prometeu*,[140] e todas as
peças que têm como cenário o Hades. Ora, o melhor é esforçar-se
no sentido de possuir todas as qualidades; se isso não for possível,
ao menos possuir as qualidades mais importantes e o maior núme-
ro de qualidades, principalmente diante da atual censura feita aos
5 · poetas: como houve poetas com qualificação em vários aspectos, as
pessoas esperam de um só autor que supere cada um desses poetas
no mérito particular de cada um deles. É justo classificar uma
tragédia de idêntica ou diferente em relação a uma outra princi-
palmente em função de sua narrativa, quer dizer, *idêntica* significa
ter a mesma complicação e o mesmo desenlace. Muitos autores
lidam bem com a complicação, porém mal com o desenlace, em-
10 · bora seja necessária a constante competência em ambos. Como

---

134. ...παθητική... (*pathētikē̃*).

135. Temas de tragédias respectivamente de Sófocles e de Ésquilo: Ajax, in-
dignado por Odisseu e não ele herdar as armas de Aquiles morto em
combate, mergulhou num acesso de loucura no qual trucidou boa parte
dos rebanhos do exército grego; ao recobrar o juízo e conscientizando-se
do que havia feito, porém ainda indignado, suicidou-se. Ixion, transpor-
tado ao céu por Zeus, incorreu na fúria deste por pousar o olhar em Hera,
esposa de Zeus e uma das seis olímpicas; Zeus o precipitou no Tártaro,
onde, como suplício, foi acorrentado a uma roda em constante movimen-
to. Dispomos do *Ajax* de Sófocles, mas não do *Ixion* de Ésquilo.

136. Ou *Mulheres da Ftia*, peça perdida de Sófocles. Entretanto, as *Mulheres
da Ftia* são integrantes do coro da *Andrômaca* de Eurípides.

137. Tanto Sófocles quanto Eurípides compuseram tragédias em torno de Pe-
leu, esposo da divindade marinha Tétis e pai de Aquiles.

138. ...ἡ ἁπλῆ... (*hē haplê*), registra Kassel, mas Dübner, Bussemaker e Heitz
acusam aqui uma falha do manuscrito, não reconhecendo ...ἡ ἁπλῆ... (*hē
haplê*). Filiamo-nos a Kassel, pois mesmo admitindo a falha do manuscrito,
julgamos que o completamento conjetural neste caso é tanto aceitável quan-
to necessário, pois se fundamenta na coerência lógica contextual e preenche
convincentemente o hiato que compromete a compreensão do texto.

139. Provável tragédia (perdida) de Ésquilo.

140. De Ésquilo.

70 | POÉTICA

observado com frequência, convém que o poeta não se esqueça de evitar transformar uma tragédia num épico – entendendo eu por épico a obra que possui narrativa múltipla – por exemplo, como se alguém se dispusesse a dramatizar toda a narrativa da *Ilíada*. Nos épicos, por conta de sua extensão, cada parte assume um tamanho conveniente, enquanto no drama o resultado contraria completa-

15 · mente a expectativa. Constitui uma indicação disso o fato de que aqueles que representaram na totalidade a queda de Ílio,[141] e não uma parte dela, como fez Eurípides,[142] ou na totalidade a história de Níobe, que é como não o fez Ésquilo, ou fracassaram ou se saíram mal nos concursos; mesmo Agaton fracassou simplesmente por incorrer nesse erro. *Nas peripécias e estruturas simples dos fatos, os poetas atingem o que desejam mediante o extraordinário,[143] o*

20 · *que é trágico e desperta amor à humanidade.* Assim ocorre quando um indivíduo hábil, porém perverso, como Sísifo, é enganado, ou quando um indivíduo corajoso, porém injusto leva a pior. Isso chega a ser provável, como o diz Agaton, uma vez ser provável que muitos acontecimentos venham a se produzir mesmo se opondo

25 · a toda probabilidade. O coro deve ser tratado como um dos atores, devendo constituir uma parte do todo e participar da ação, não como em Eurípides, mas como em Sófocles. No que toca aos demais poetas, os cantos não dizem mais respeito à narrativa do que a uma outra tragédia, o que explica a prática, inaugurada por Agaton, de cantar interlúdios. E, afinal, há alguma diferença entre

30 · cantar interlúdios e transferir um discurso ou um episódio completo de uma peça para outra?

---

141. Troia.

142. Ver *As troianas*.

143. ...θαυμάστω... (*thaumástō*), uma vez que Kassel registra o adjetivo. Entretanto, Dübner, Bussemaker e Heitz registram o advérbio de modo θαυμαστῶς (*thaumastôs*), com o que todo o período que indicamos *em itálico* poderia ser traduzido de maneira diferente, a saber: ...Nas peripécias e estruturas simples dos fatos, os poetas atingem extraordinariamente o que desejam: o trágico e o que desperta amor à humanidade... .

19

DEPOIS DE HAVER DISCUTIDO os outros elementos essenciais,[144] resta-nos abordar a elocução e o pensamento. No que tange ao pensamento, sua discussão encontra seu devido lugar na *Retórica*,[145] 35 · pois tem mais a ver com esse tipo de investigação. Tudo o que é expresso pela linguagem[146] pertence à esfera do pensamento;[147] suas partes são: a demonstração, a refutação, a condução dos sentimen- 1456b1 · tos (compaixão, medo, ira e outros), bem como a amplificação e a atenuação. Está claro que convém empregar, no que toca a lidar com os fatos, esses mesmos princípios quando há necessidade de apresentá-los como comoventes,[148] terríveis, importantes ou prováveis; com a diferença de que esses últimos efeitos têm que ser 5 · evidentes, dispensando a enunciação direta, enquanto os primeiros têm que ser transmitidos pela pessoa que fala e se produzirem em conformidade com suas palavras. Afinal, qual seria o papel de quem fala {*se os efeitos necessários*[149] *fossem patentes*} mesmo sem a intervenção do discurso? No que diz respeito às questões relativas à elocução, um dos objetos de investigação é o das formas de expressão falada, cujo conhecimento cabe à arte do ator cômico[150] e à 10 · pessoa versada nessa arte. Trata-se de saber nomeadamente como se expressa o comando, a oração, a narrativa, a ameaça, a pergunta, a resposta e outras coisas semelhantes. A poética não pode se tornar

---

144. Ou seja, a narrativa e os caracteres.

145. Ver *Retórica* (presente em coleção Aristóteles, *Clássicos Edipro*).

146. ...λόγου... (*lógou*).

147. ...διάνοιαν... (*diánoian*).

148. Ou seja, capazes de provocar compaixão.

149. Dübner, Bussemaker e Heitz: ...ἡδέα... (*hēdéa*) e não ...ῇ δέοι... (*hêi déoi*). Assim, a oração entre chaves ficaria: ...se o prazer fosse patente... .

150. ...ὑποκριτικῆς... (*hypokritikês*): esse termo soa estranho aqui, porquanto Aristóteles está tratando ou do ator em geral na sua capacidade de discurso falado, ou dessa capacidade do ator que atua na tragédia.

72 | POÉTICA

alvo de séria crítica por conta do conhecimento ou ignorância dessas coisas. Quem consideraria um erro aquilo que é criticado por
15 · Protágoras,[151] ou seja, que o poeta,[152] ao pretender fazer uma oração, na verdade emite um comando ao dizer: "Canta-me, ó deusa, a cólera...",[153] pois, segundo ele, instruir alguém a fazer ou não fazer algo é um comando. Renunciemos aqui, portanto, a esse estudo, o qual pertence a uma outra arte, e não à poética.

20[154]

AS PARTES DA ELOCUÇÃO, COMO UM TODO, SÃO: letra,[155] sílaba,
20 · conjunção, nome,[156] verbo, artigo,[157] caso, sentença. A letra é um som vocal indivisível que permite a formação natural de um som composto; de fato, sons indivisíveis também são produzidos pelos animais irracionais, mas não entendo ser qualquer um desses sons uma letra. Esses
25 · sons vocais indivisíveis[158] dividem-se em vogais, consoantes[159] e letras mudas. A vogal é uma letra que produz um som audível sem qualquer

---

151. Protágoras de Abdera (*circa* 480-410 ou 490-420 a.C.), sofista proveniente da Trácia que atuou intensamente em Atenas. Ver Platão, *Protágoras*.

152. Homero.

153. *Ilíada*, Canto I, 1. Aristóteles transcreve o primeiro verso da *Ilíada* parcialmente.

154. Neste capítulo da *Poética*, apesar dos aspectos linguísticos estruturais básicos comuns ao grego e ao português e às correspondências, deve-se ter em mente a língua grega antiga.

155. ...στοιχεῖον... (*stoicheîon*), ou seja, o *elemento* que constitui a sílaba e a palavra.

156. ...ὄνομα... (*ónoma*): substantivos e adjetivos.

157. ...ἄρθρον... (*árthron*) para Aristóteles não é apenas o artigo, mas ele inclui as preposições, os verbos usados em parênteses, como é o caso de φημί (*phēmí*), e o pronome οὗτος (*hoûtos*).

158. As letras.

159. Ou semivogais.

ARISTÓTELES | 73

movimento da boca;[160] a consoante produz um som audível mediante esse movimento, como o Σ (S)[161] e o P (R),[162] ao passo que a letra muda, como o Γ (G)[163] e o Δ (D),[164] embora envolva esse movimento, não produz em si mesma som algum, mas se torna audível combinando-se
30 · com letras que produzem um som audível. As diferenças entre essas letras devem-se às conformações da boca, aos pontos de contato nela, à presença ou ausência da aspiração, ao fato de serem longas ou breves e também ao fato de apresentarem uma pronúncia aguda, grave ou intermediária. O estudo minucioso dessa matéria cabe aos que estudam
35 · a métrica. A sílaba é um som destituído de significação, composto de uma letra muda e de uma letra sonora: ΓP (GR) é uma sílaba sem o A (A) e também com o A (A), ΓPA (GRA). Igualmente o estudo dessas diferenças diz respeito à métrica. A conjunção é um som destituído
1457a1 · de significação que nem barra, nem produz uma expressão semântica única com base numa pluralidade de sons (geralmente colocada nos extremos ou no meio de uma sentença), mas de sua parte no início de uma, por exemplo μέν (*mén*), δή (*dé*), τοί (*toí*),[165] δέ (*dé*). Ou um som não significante que, por sua natureza, produz uma expressão
5 · una e significativa a partir de uma pluralidade de sons dotados de uma única significação. O artigo[166] é um som destituído de significação indicativo do começo ou fim, ou da divisão de uma sentença, do que são exemplos ἀμφί (*amphí*), περί (*perí*)[167] e outros. Ou um som não signi-

---

160. Mais exatamente, dos lábios.

161. Sigma (corresponde ao S do alfabeto latino).

162. Ro (corresponde ao R).

163. Gama (corresponde ao G).

164. Delta (corresponde ao D).

165. Dübner, Bussemaker e Heitz registram ἤτοι (*étoi*) em lugar das duas últimas partículas conectivas. Na verdade há uma divergência considerável entre os helenistas sobre esses exemplos de conectivos dados por Aristóteles, o que, entretanto, não parece invalidar seus exemplos.

166. Ver nota 157.

167. Como podemos observar, não são apenas artigos, como também preposições ou advérbios. Dübner, Bussemaker e Heitz preferem fazer preceder

74 | POÉTICA

ficante que nem barra, nem produz uma expressão semântica única a partir de uma pluralidade de sons (geralmente colocada ou nos extre-

10 · mos ou no meio). O nome[168] é um som composto, significante e não indicativo de tempo, sendo que nenhuma parte dele tem significação independente; de fato, em nomes duplos nenhuma parte é utilizada como independentemente significante. Por exemplo, em Θεόδωρος (*Theódōros*), a parte δωρος (*dōros*) é destituída de significação.[169] O verbo é um som composto e significante e indicativo de tempo, embora nenhuma parte dele, como ocorre com os nomes, possua uma

15 · significação independente: *homem*[170] ou *branco*[171] não denotam tempo, porém *anda*[172] ou *andou*[173] denotam de modo complementar respectivamente presente e passado. O caso é uma alteração do nome ou do verbo indicativa de uma relação, tal como *dele, a ele*, e outras,[174]

20 · ou o singular e o plural, como *homens ou homem*,[175] ou aspectos da arte do discurso falado do ator ao representar um personagem que pergunta ou que emite uma ordem. "Ele andou?"[176] ou "Anda!"[177] são casos verbais nessa classificação. A sentença é um conjunto de sons

---

    os artigos propriamente ditos: τὸ ἀμφί (*tò amphí*), o em torno; τὸ περί (*tò perí*), as imediações.

168. Ver nota 156.

169. Aristóteles se refere ao nome duplo (nesse caso nome próprio) enquanto tal, o mesmo valendo para a outra parte do nome, ou seja, Θεο (*Theo*). É claro que etimologicamente θεός (*theós*) significa deus, divindade e δῶρον (*dôron*), presente, dom, dádiva.

170. ...ἄνθρωπος... (*ánthrōpos*), ser humano, pessoa.

171. ...λευκόν... (*leukón*).

172. ...βαδίζει... (*badízei*).

173. ...βεβάδικεν... (*bebádiken*).

174. Essa explicação de caráter linguístico e gramatical não encontra paridade no português, que não é uma língua declinada. Aristóteles está se referindo aos casos das declinações, como o genitivo, o dativo etc.

175. ...ἄνθρωποι ἢ ἄνθρωπος... (*ánthrōpoi è ánthrōpos*).

176. ...τὸ γὰρ ἐβάδισεν; ... (*tò gàr ebádisen;*).

177. ...βάδιζε... (*bádize*).

dotados de significação, do qual algumas partes possuem significa-
25 · ção independente. Nem toda sentença é constituída por verbos e
nomes, do que é exemplo a definição de homem,[178] sendo possível ter
uma sentença sem verbos; entretanto, terá sempre uma parte que pos-
sui significação independente, como "Cleonte" em "Cleonte anda".
A sentença pode ser una de duas maneiras: denotando uma única coisa
ou sendo combinada com base numa pluralidade, por exemplo, a *Ilía-
da* é una graças à combinação, enquanto a definição de homem o é
30 · graças à denotação de uma única coisa.

21

NOMES SÃO CLASSIFICÁVEIS EM SIMPLES – pelo que entendo
os que não são compostos de partes significantes, por exemplo γῆ
(*gê*)[179] – e duplos. Esses últimos podem ser subdivididos em nomes
compostos tanto por partes significantes quanto não significantes
{embora no âmbito do nome essa não seja sua função}[180] e nomes
compostos apenas de partes significantes. Pode-se também distin-
guir nomes triplos, quádruplos ou mesmo compostos de muitos no-
mes simples, como uma grande quantidade de nomes entre os habi-
35 · tantes de Massália:[181] Ἑρμοκαϊκόξανθος (*Hermokaïkóxanthos*).[182]
1457b1 · Toda palavra é ou um termo padrão, ou um termo dialetal, ou uma
metáfora, ou um termo ornamental, ou um termo cunhado, ou
um termo ampliado, ou um termo abreviado, ou um termo mo-
dificado. Entendo por termo padrão aquele de uso ordinário de
uma comunidade, por termo dialetal, aquele de que se servem os

---

178. Ou seja: *animal racional, bípede*, que é uma frase (sentença) sem verbo.

179. Terra.

180. { } Ausente no texto de Dübner, Bussemaker e Heitz.

181. Ou melhor, Massília (hoje Marselha).

182. Nome composto de três nomes simples dotados de significação, a saber,
Hermos, Caicos e Xantos, três rios da região da Fócida, na Ásia Menor.

76 | POÉTICA

estrangeiros; consequentemente, é evidente que a mesma palavra pode ser dialetal e padrão, ainda que não com referência ao mesmo

5 · grupo de pessoas; σίγυνον (*sígynon*)[183] é padrão para os cipriotas, ao passo que é dialetal para nós.

A metáfora é a aplicação de um nome que pertence a uma outra coisa, quer transferência do gênero à espécie, da espécie ao gênero, da espécie à espécie, quer por analogia. Quando digo do gênero à espécie quero dizer, por exemplo, "meu navio se detém aqui",[184]

10 · pois lançar âncora é um modo de deter-se; da espécie ao gênero: "dez mil nobres ações realizou Odisseu"[185] – *dez mil*[186] são muitas, e esse termo é usado no lugar de muitas; da espécie à espécie: "exaurindo a vida com bronze"[187] e "cortando com o duro bronze",

15 · onde se usou "exaurir" no lugar de "cortar" e vice-versa, ambos sendo formas de tirar. Entendo haver relação por analogia quando o segundo termo é para o primeiro termo o que o quarto é para o terceiro, de modo que se falará do quarto em lugar do segundo e este em lugar do quarto. Às vezes, as pessoas incluem aquilo ao que o termo substituído está relacionado. Digo, por exemplo, que

20 · a taça é para Dionísio o que o escudo é para Ares, de maneira que alguém chamará a taça de "escudo de Dionísio" e o escudo de "taça de Ares". Ou a velhice é para a vida o que o anoitecer é para o dia, de maneira que alguém chamará o anoitecer de "velhice do dia", ou, como Empédocles,[188] chamará a velhice de {*"anoitecer da vida" ou*}[189]

---

183. Lança.

184. Homero, *Odisseia*, Canto I, 185. Aristóteles faz uma citação parcial do verso.

185. Homero, *Ilíada*, Canto II, 272. Aristóteles cita o verso parcialmente.

186. ...μυρίον... (*myríon*).

187. Empédocles, fragm. 138, Diels-Kranz.

188. Empédocles de Agrigento (século V a.C.), poeta e filósofo da natureza pré-socrático.

189. { } Ausente em Dübner, Bussemaker e Heitz. Platão usa a mesma metáfora em *As Leis*, Livro VI, 770a. O diálogo *As Leis* está presente nas Obras Completas de Platão, *Clássicos Edipro*.

25 · "pôr do sol da vida".[190] Há casos de analogia em que um dos termos não existe, embora a mesma forma de expressão ainda assim seja usada; exemplo: lançar a semente é semear, mas a ação da radiação solar carece de um nome; a despeito disso, essa ação não nomeada conserva a mesma relação com seu objeto, a luz solar, que o semear tem com a semente, daí a frase "semear sua divina chama".[191] Há

30 · uma maneira adicional de utilizar esse tipo de metáfora, que consiste em predicar o termo emprestado ao mesmo que tempo que se nega algo que lhe é próprio, como se alguém se dispusesse a chamar o escudo não de "taça de Ares", mas de "taça sem vinho".

[...][192] O termo cunhado é aquele totalmente ausente no uso corrente, mas que é forjado pelo próprio poeta; algumas palavras parecem pertencer a essa classe, como ἔρνυγας (*érnygas*)[193] para

35 · κέρατα (*kérata*)[194] e ἀρητῆρα (*arêtêra*)[195] para ἱερέα (*hieréa*).[196] A

1458a1 · ampliação consiste no uso de uma vogal mais longa do que na forma ordinária ou naquele de uma sílaba adicional; a abreviação consiste na supressão de alguma parte da palavra. Exemplos de ampliação: πόληος (*póleos*)[197] para πόλεως (*póleōs*)[198] e Πηλείδου (*Pēleídou*)

---

190. Empédocles, fragm. 152, Diels-Kranz. Entre os helenistas, contudo, é objeto de polêmica qual dessas expressões (metáforas) Aristóteles atribui a Empédocles.

191. Aristóteles certamente cita um poeta trágico ou lírico, que desconhecemos. Todavia, há em Lucrécio, intempestivamente, já que esse poeta romano viveu no último século a.c., um verso semelhante ao referir-se ele ao sol.

192. Kassel indica uma lacuna do manuscrito neste ponto que, embora não prejudique a compreensão do texto, marca a ausência da explicação de Aristóteles do termo ornamental (...κόσμος... [*kósmos*]).

193. Nominativo singular: ἔρνυξ (*érnyx*), rebento jovem, renovo, broto.

194. Nominativo singular: κεραία (*keraía*), chifre.

195. Nominativo singular: ἀρητήρ (*arētḗr*), sacerdote.

196. Nominativo singular: ἱερεύς (*hiereús*), sacerdote.

197. *Omicron* como vogal breve. Genitivo: da cidade, do Estado.

198. *Omega* como vogal longa. Genitivo: da cidade, do Estado.

78 | POÉTICA

para Πηληιάδεω (*Pēlēiádeō*);[199] exemplos de abreviação: κρῖ, δῶ, e ὄψ (*krî, dô e óps*)[200] em μία γίνεται ἀμφοτέρων ὄψ (*mía gínetai amphotérōn óps*).[201] A modificação consiste em manter parte da forma corrente da palavra, mas acrescentando uma outra parte, como em δεξιτερὸν κατὰ μαζόν (*dexiteròn katà mazón*),[202] onde δεξιόν (*dexión*) é substituído por δεξιτερὸν (*dexiteròn*).

Entre os nomes, alguns são masculinos, outros, femininos e outros, neutros. São masculinos os nomes que terminam em N (ny), P (rô) e Σ (sigma) ou nas letras compostas do sigma (que são duas: o Ψ [psi] e o Ξ [ksi]); femininos são os nomes que terminam em vogais que são invariavelmente longas, isto é, o H (eta) e o Ω (ômega), ou que terminam em A (alfa), entre as vogais que podem ser tornadas longas.[203] Consequentemente, o número de terminações masculinas e femininas é igual,[204] visto que o psi e o xi são compostos.[205] Nenhum nome termina numa letra muda ou numa vogal breve. Apenas três terminam em iota:[206] μέλι (*méli*),[207] κόμμι (*kómmi*),[208] πέπερι (*péperi*).[209] Cinco terminam em

---

199. A segunda forma de genitivo apresenta dois *etas* longos. Ambas significam: do Pelida, do filho de Peleu (ou seja, Aquiles).

200. κρῖ (*krî*) é abreviação de κριθή (*krithḗ*), cevada; δῶ (*dô*) de δῶμα (*dôma*), casa; ὄψ (*óps*) de ὄψις (*ópsis*), visão.

201. *Uma só visão provém de ambos*: Empédocles se refere aos dois olhos (fragm. 88, Diels-Kranz).

202. *No seu seio direito*: Aristóteles faz uma citação muito parcial dos versos 392/393 de Homero, *Ilíada*, Canto V.

203. Além do alfa, o iota (I) e o ypsilon (Y).

204. Considere-se, entretanto, muitos nomes femininos cujas terminações, iguais às masculinas, são em consoantes.

205. Do sigma.

206. Havia outras, mas certamente escassas; boa parte de origem estrangeira.

207. Mel.

208. Goma.

209. Pimenta.

ARISTÓTELES | 79

ypsilon....[210] Os neutros têm essas mesmas terminações, além do ny e do sigma.

22

A EXCELÊNCIA EM MATÉRIA DE ELOCUÇÃO consiste na clareza e na ausência de vulgaridade. A maior clareza na elocução é a obtida mediante o uso de termos padrões, mas com isso incorre-se na vulgaridade. Exemplos disso são encontrados na poesia de
20 · Cleofonte[211] e de Estênelo.[212] A elocução expressiva e que supera o vulgar é a que utiliza termos exóticos. Entendo por exótico[213] os termos dialetais, as metáforas, as ampliações e tudo o que foge do padrão. Entretanto, se a composição for inteiramente nessa linha, resultará num enigma ou barbarismo, enigma se houver
25 · predominância de metáforas, barbarismo se a predominância for de termos dialetais. De fato, a ideia do enigma é expressar o real associando termos cuja combinação, na verdade, é impossível. Se não é possível realizá-lo recorrendo à combinação com outras palavras, pode-se realizá-lo com metáforas, por exemplo "vi um homem colar bronze num outro com fogo"[214] e coisas semelhantes. Um uso
30 · correspondente a esse de termos dialetais conduz ao barbarismo. É necessário, portanto, efetuar uma certa mistura de termos na

---

210. Kassel indica uma lacuna do manuscrito aqui, mas que é facilmente preenchida pelos helenistas: ἄστυ (*ásty*), cidade, particularmente em Atenas, cidade alta por oposição à região do Pireu, ou região urbana por oposição à região rural; δόρυ (*dóry*), lança; γόνυ (*góny*), joelho; νᾶπυ (*nâpy*), mostarda; πῶυ (*pôy*), rebanho. Buhle acrescenta μέθυ (*méthy*), bebida fermentada.

211. Ver 1448a10 e segs., e nota pertinente.

212. Poeta trágico da segunda metade do século V a.C.

213. ...ξενικὸν... (*xenikòn*), estrangeiro.

214. Cleobulina, fragm. 1, West. Cf. *Retórica*, 1405b1.

80 | POÉTICA

composição: termos dialetais, metáforas, linguagem ornamental e os outros tipos que indicamos evitarão que o discurso seja prosaico ou vulgar, ao passo que os termos padrões assegurarão a clareza. Contribuem grandemente para a clareza e a minimização da vulgaridade na elocução as ampliações, as abreviações e as modificações das palavras. O desvio dos termos padrões e da linguagem corrente criará uma impressão que escapa do prosaico, enquanto a presença de algumas formas usuais preservará a clareza. Assim, estão equivocados aqueles que criticam esse uso e que, em função dele, ridicularizam o poeta,[215] como Euclides, o Velho,[216] que, imaginando ser fácil compor poesia mediante a permissão de ampliar as palavras à vontade, satirizou o poeta em sua própria elocução:

Vi Epicares caminhando para Maratona...

e...

...sem misturar seu heléboro.

O uso ostensivo de tais licenças é ridículo, mas a moderação se aplica igualmente a todas as partes da elocução. Se o uso de metáforas, de termos dialetais e de outras formas for inapto, poder-se-á atingir o mesmo efeito atingido pelo propósito de fazer rir. O uso adequado deles no épico é algo bastante diferente, devendo-se estudar essa diferença pela introdução dos termos padrões no verso. Igualmente, no que se refere a termos dialetais, metáforas e demais tipos, pode-se perceber a verdade do que digo mediante a substituição por termos padrões. Exemplifiquemos: Ésquilo e Eurípides compuseram um idêntico iâmbico; ora, no primeiro esse iâmbico apresenta-se banal, enquanto Eurípides, mudando uma única palavra ao substituir um termo padrão por um dialetal, imprimiu beleza a um dos versos. Ésquilo, em seu *Filoctetes*,[217] escreve:

---

215. Homero.

216. Desconhecemos esse poeta.

217. Do *Filoctetes* só restaram fragmentos.

ARISTÓTELES | 81

...φαγέδαιναν ἥ μου σάρκας ἐσθίει ποδός...[218]

Eurípides substituiu ἐσθίει (*esthíei* [come]) por θοινᾶται (*thoinâtai* [regala-se com]). O mesmo acontece com:

25 · *...νῦν δέ μ' ἐὼν ὀλίγος τε καὶ οὐτιδανὸς καὶ ἀεικής...*[219]

Se substituirmos pelos termos padrões:

...νῦν δέ μ' ἐὼν μικρός τε καὶ ἀσθενικὸς καὶ ἀειδής...[220]

E:

...δίφρον ἀεικέλιον καταθεὶς ὀλίγην τε τράπεζαν...[221]

...para:

30 · *...δίφρον μοχθηρὸν καταθεὶς μικράν τε τράπεζαν...*[222]

E *ἠιόνες βοόωσιν*[223] para *ἠιόνες κράζουσιν*.[224] Que se acresça que Arifrades[225] ridicularizava os trágicos por empregarem expressões que ninguém jamais usava na conversação, como δωμάτων ἄπο[226] em lugar de ἀπὸ δωμάτων,[227] e σέθεν,[228] ἐγὼ

---

218. *...phagédainan ḗ mou sárkas esthíei podós...*, o cancro que come a carne de meu pé.

219. *...nŷn dé m' eṑn olígos te kaì outidanòs kaì aeikḗs...*, agora, entretanto, alguém de pouca estatura, sem força e inconveniente.

220. *...nŷn dé m' eṑn mikrós te kaì asthenikòs kaì aeidḗs...*, agora, entretanto, alguém pequeno, fraco e disforme.

221. *...díphron aeikélion katatheìs olígēn te trápezan...*, pondo um banco modesto e uma mesa de mau aspecto.

222. *...díphron mochthēròn katatheìs mikrán te trápezan...*, pondo um banco ruim e uma mesa pequena.

223. *...ēiónes boóōsin...*, as margens lançam um grito. Citação parcial de Homero, *Ilíada*, XVII, 265.

224. *...ēiónes krázousin...*, as margens vociferam.

225. Ignoramos quem seja exatamente Arifrades, mas é provável que se trate do poeta cômico que Aristófanes menciona frequentemente, por exemplo em *Cavaleiros*, 1280 e segs.

226. *...dōmátōn ápo...*, das casas distante.

227. *...apò dōmátōn...*, distante das casas.

228. *...séthen...*, de ti.

82 | POÉTICA

δέ νιν[229] e Ἀχιλλέως πέρι[230] em lugar de περὶ Ἀχιλλέως[231] e outras semelhantes. Precisamente por não fazerem parte do discurso padrão, todas essas expressões produzem uma impressão que foge do ordinário, o que Arifrades não conseguiu compreender. É importante empregar apropriadamente cada uma das formas indicadas, inclusive nomes duplos e termos dialetais, mas o que é de máxima importância é o domínio da metáfora. É a única coisa que não pode ser aprendida de outra pessoa, sendo um indício de dons naturais; de fato, empregar bem a metáfora corresponde a discernir similaridades. Entre os nomes, os duplos ajustam-se melhor aos ditirambos, os termos dialetais, ao épico, e as metáforas, ao verso iâmbico. Na poesia heróica,[232] tudo o que é mencionado tem alguma utilidade; quanto ao verso iâmbico, por conta da relação muito estreita com a linguagem corrente, os nomes que se revelam adequados são aqueles que seriam usados também na prosa, a saber, termos padrões, metáforas e termos ornamentais.

Que baste isso, portanto, no que toca à discussão da tragédia e da imitação por meio da ação cênica.

23

QUANTO À POESIA NARRATIVA E À IMITAÇÃO utilizando o verso, as narrativas, evidentemente, como na tragédia, devem ser construídas dramaticamente, ou seja, em torno de uma ação una, integral e completa, constituída por começo, meio e fim, de modo que a obra possa, como um ser vivo uno e íntegro, produzir o prazer que lhe é próprio. Sua composição de elementos não deve ser igual à de nossas histórias, nas quais é necessária uma exposição não de uma ação

---

229. ...*egò dé nin*..., eu ele.

230. ...*Achilléōs péri*..., de Aquiles em torno.

231. ...*peri Achilléōs*..., em torno de Aquiles.

232. Épico.

ARISTÓTELES | 83

única, mas de um único período, relatando todos os acontecimentos que sucederam a uma pessoa ou mais nesse período, sendo contingentes as relações entre os acontecimentos. De fato, tal como houve
25 · simultaneidade entre a batalha naval em Salamina e a batalha contra os cartagineses na Sicília,[233] embora não tivessem, de modo algum, o mesmo objetivo, considerando-se um período contínuo de tempo, um acontecimento pode ser consecutivo a um outro acontecimento, sem terem um único fim em comum. Todavia, é provável que muitos
30 · poetas façam isso. Eis por que, como o dissemos antes, a extraordinária superioridade de Homero sobre os demais pode também ser constatada aqui. Embora a guerra tenha tido um começo e um fim, ele não se dispôs a tratá-la na sua totalidade, já que nesse caso haveria o risco da excessiva extensão e incoerência da narrativa, ou, por outro lado, se numa extensão moderada, apresentaria uma complexidade excessiva devido à sua variedade de incidentes. Limitou-se
35 · a selecionar uma parte, porém recorrendo a muitas outras como episódios, como a enumeração dos navios e outros episódios, através dos quais a composição tornou-se diversificada. Outros constroem seus trabalhos em torno de um único personagem ou único período, daí uma ação, porém de múltiplas partes, como fazem os autores de
1459b1 · *Cípria* e da *Pequena Ilíada*.[234] Disso resulta que se podemos extrair da *Ilíada* e da *Odisseia* uma só tragédia, ou no máximo duas, muitas podem ser extraídas da *Cípria* e, da *Pequena Ilíada*, mais de oito,
5 · quais sejam, *Julgamento das Armas*,[235] *Filoctetes*,[236] *Neoptolemo*,[237]

---

233. As batalhas de Salamina e de Himera sucederam no mesmo dia de 480 a.C.

234. Poemas do chamado Ciclo Épico ou Ciclo Troiano. O primeiro de Estasinos de Chipre (*circa* 700 a.C.), o segundo de Lesches de Lesbos (que teve seu ápice entre 660 e 657 a.C.), meio século antes da poetisa Safo de Lesbos.

235. Título de tragédia de Ésquilo (perdida), mas tema também presente no *Ajax* de Sófocles.

236. Tanto Ésquilo quanto Sófocles, mas a de Ésquilo perdida.

237. Presente no *Filoctetes* de Sófocles.

84 | POÉTICA

Eurípilo,[238] *Mendicidade,*[239] *Laconianas,*[240] *Destruição de Ílio*[241] e
Partida da Frota, bem como *Sínon*[242] e *As Troianas.*[243]

24

ACRESCENTE-SE QUE A EPOPEIA DEVE COMPREENDER as mes-
mas espécies que a tragédia, a saber, simples, complexa, baseada no
10 · caráter ou no sofrimento; encerra as mesmas partes, com exceção
da poesia lírica e do espetáculo, porquanto exige peripécias, re-
conhecimentos e cenas de sofrimento, bem como pensamento e
uma bela elocução. Homero foi o primeiro a empregar tudo isso
e o fez de maneira apropriada. Quanto à estrutura de seus poemas,
a *Ilíada* é simples e saturada de sofrimento, enquanto a *Odisseia* é
15 · complexa (nela sendo copiosos os reconhecimentos) e baseada no
caráter. Além disso, em matéria de elocução e pensamento cada um
desses poemas supera todos os demais épicos.

O épico, entretanto, distingue-se do prisma de sua constituição
devido às suas dimensões e ao emprego da métrica. No tocante à
extensão, a definição que já indicamos é satisfatória, visto ser possível
abarcar começo e fim numa visão coerente. Preencher essa condição
será exequível com estruturas de narrativas mais curtas do que as
20 · antigas epopeias, mas que comportem a extensão de um grupo de
tragédias que se possa ouvir numa só audição. O épico goza de uma
vantagem peculiar quanto à extensão, pois enquanto na tragédia não
é possível representar uma ação com muitas seções ocorrendo simul-
25 · taneamente, mas somente aquela no palco envolvendo os atores, na

---

238. Sófocles (apenas fragmentos).

239. Homero, *Odisseia*, IV, 240 e segs.

240. Sófocles (peça perdida).

241. Iofon (um dos filhos de Sófocles) (peça perdida).

242. Sófocles (peça perdida)

243. Eurípides.

ARISTÓTELES | 85

epopeia, a qual se apresenta como narrativa, o poema pode incluir muitas seções simultâneas, as quais, se conexas ao tema, encorpam o poema. Isso credita o épico com o recurso de desenvolver a magnificência, a variedade no interesse do auditório e a diversidade dos

30 · episódios. A uniformidade não tarda a levar à saciedade e causa o fracasso das tragédias. No que tange à métrica, a experiência comprovou que o verso heróico é o que mais se ajusta à epopeia. Qualquer tentativa de compor uma imitação narrativa recorrendo a alguma outra métrica, ou a várias, provocaria o aparecimento evidente da incongruência, uma vez que o verso heróico, entre todas as métricas, é a mais grave e mais majestosa (daí sua máxima receptividade aos

35 · termos dialetais e às metáforas, sendo a imitação narrativa também nesse aspecto superior), enquanto o trímetro iâmbico e o tetrâmetro trocaico são ritmos para o movimento, esse último convindo à dança, ao passo que o primeiro à ação. Ainda mais despropositado seria

1460a1 · uma mescla dessas métricas, como em Queremonte.[244] Isso explica por que ninguém compôs um longo épico usando outra métrica que não fosse o verso heróico. Mas, como asseverei, é a própria natureza do gênero que nos ensina a escolher a métrica adequada.

5 ·   Homero,[245] por conta de muitas outras qualidades, é merecedor de elogios, mas o é, sobretudo, por ter sido o único, entre os poetas épicos, a compreender o papel do próprio poeta quanto a tomar a palavra. De fato, o poeta deve dizer o mínimo possível em sua própria voz, porquanto não é um artista da imitação ao agir assim. Os outros poetas mantêm-se o poema inteiro tomando a palavra, dedicando-se à imitação apenas de maneira breve e ocasional. Homero, ao contrário, após um curto intróito, apressa-se em introduzir

10 · no palco um homem, ou uma mulher, ou um outro personagem, nenhum desprovido de caráter, mas todos dotados de traços distintivos. É necessário, na tragédia, produzir o extraordinário, mas na epopeia dispõe-se de mais espaço para o irracional, que é o principal

---

244. Trágico do século IV a.C., autor do *Centauro*.

245. Dübner, Bussemaker e Heitz iniciam o capítulo 25 aqui.

fator do extraordinário, pelo fato de que nele o agente não se acha visivelmente diante de nós. A perseguição completa de Heitor[246] se

15 · levada ao palco nos pareceria ridícula, alguns homens se detendo e interrompendo a perseguição, enquanto o outro[247] os proíbe de fazê-lo. Mas no poema épico o ridículo não é captado. O extraordinário é agradável, o que é indicado pelo fato de que todos, com o fito de proporcionar prazer, ao relatar histórias o fazem exagerando. É principalmente Homero quem ensinou aos demais poetas a maneira apropriada de construir falsidades, isto é, mediante falso raciocí-

20 · nio.[248] Eis como pensam os seres humanos: quando uma coisa existe e uma determinada outra também, ou que um fato se produzindo, um outro se produz, se o segundo é real, também o primeiro o é ou se torna – o que é falso. Assim, se a coisa antecedente[249] é falsa, mas é verdadeiro que alguma outra coisa necessariamente existe ou acontece, essa última é adicionada. Simplesmente por conhecer a verdade da consequente,[250] nossa mente infere falsamente a verdade

25 · igualmente da antecedente. A Cena do Banho nos proporciona um exemplo disso. Preferimos o impossível provável ao possível implausível. As histórias não devem encerrar componentes que contrariem a razão. O melhor é não haver nenhuma irracionalidade; se inevitável, isso deverá ser externo à narrativa, como no caso da ignorância de Édipo quanto às circunstâncias da morte de Laius,[251] e não

30 · interno ao drama, como o relato dos Jogos Píticos em *Eletra*,[252] ou o personagem calado que vem de Tegeia à Mísia em *Misianos*.[253] Alegar que sem isso a narrativa seria arruinada é ridículo. Não se

---

246. Homero, *Ilíada*, XXII, 131 e segs.

247. Ou seja, Aquiles.

248. ...παραλογισμός... (*paralogismós*).

249. Ou seja, a primeira.

250. Ou seja, a segunda (a última).

251. Em *Édipo-rei* de Sófocles.

252. De Sófocles.

253. De Ésquilo ou Sófocles.

deve, em princípio, construir narrativas desse tipo. Se um poeta formula uma irracionalidade, ficando aparente uma alternativa mais racional, incorre-se num absurdo. Mesmo os pormenores ir-
35 · racionais presentes na *Odisseia* relativos ao acabar na praia[254] seriam claramente intoleráveis se tratados por um poeta inferior. Sendo
1460b1 · como é, o poeta recorre às suas outras qualidades a fim de atenuar e disfarçar o absurdo. No que se refere à elocução, deve ser elaborada, sobretudo, em partes tranquilas, onde estão ausentes tanto a caracterização quanto o pensamento; na verdade, uma elocução muito
5 · brilhante empana o caráter e o pensamento.

25^{255}

QUANTO AOS PROBLEMAS E ÀS SOLUÇÕES, as considerações que se seguem esclarecerão no que toca ao seu número e às suas espécies. Como o poeta, do mesmo modo que um pintor ou qualquer criador de imagens, é um artista da imitação, representa sempre e necessariamente em todas as situações um entre três aspectos: como as coisas
10 · eram, como são, como as pessoas dizem e pensam que são ou como deveriam ser. Ele os expressa mediante uma elocução que contém termos dialetais, metáforas e muitas modificações dos termos, uma vez que esse uso é admitido em relação aos poetas. Ademais, o padrão do que é correto em política ou em qualquer outra arte não é o mes-
15 · mo da poesia. Na poética enquanto tal há dois tipos de erro: o inerente à própria poesia e o incidental. Se o poeta se dispôs a representar [corretamente, mas falhou nessa tarefa devido à][256] incapacidade, o erro reside em sua arte. Se ele, entretanto, se dispôs a representar in-

---

254. O desembarque de Odisseu pelos feácios, Canto XIII, 116 e segs.

255. Dübner, Bussemaker e Heitz iniciam aqui o capítulo 26.

256. Tanto Kassel quanto Dübner, Bussemaker e Heitz apontam uma lacuna nesse ponto, que efetivamente compromete a compreensão do texto. O preenchimento da lacuna é puramente conjectural.

88 | POÉTICA

corretamente, por exemplo retratando um cavalo avançando simultaneamente ambas as pernas direitas, ou cometendo um erro técnico
20 · – digamos em medicina ou qualquer outra arte –, não se trata de um erro inerente à própria poesia. É com base nisso que se deve examinar e solucionar as críticas presentes nos problemas.

Em primeiro lugar, aquilo que diz respeito à própria arte. Se um poema contém impossibilidades, trata-se de uma incorreção. Entretanto, se atinge o objetivo da arte (objetivo que já foi indicado), ou seja, se transmite uma impressão mais vívida a essa ou
25 · a alguma outra parte da obra, a incorreção é admissível. Exemplo disso é a perseguição de Heitor.[257] Contudo, se o objetivo puder ser atingido de uma maneira melhor, ou da mesma maneira sem ferir a correção da arte, importa sim não tornar a incorreção justificável, uma vez que, na medida do possível, não devem haver erros. Na sequência, deve-se perguntar a que esfera pertence o erro: à da própria arte ou se trata de algo acidental? De fato, é menos grave
30 · ignorar que a corça não tem chifres do que a retratar de modo não convincente. Ademais, se a crítica é a de que algo não é verdadeiro, talvez seja o caso de responder que é como deve ser, tal como Sófocles declarou que retratava as pessoas como deveriam ser, enquanto Eurípides as retratava como realmente eram. Se nenhuma dessas soluções revelar-se satisfatória, restará responder que corresponde à opinião das pessoas, por exemplo no que se refere aos deuses:
35 · talvez não seja nem bom nem verdadeiro dizer o que se diz, porém, quem sabe, seja como pensava Xenófanes,[258] isto é, não importa,
1461a1 · é o que as pessoas dizem. Outros aspectos podem não ser os melhores, mas foram assim outrora; por exemplo, no tocante às armas: "Suas lanças permaneciam eretas, suas pontas sobre o solo": esse era o costume deles, como se mantém ainda entre os ilírios.[259] Quando se trata de saber se uma pessoa falou ou agiu bem ou mal,

---

257. Cf. 1460a14 e segs., e nota pertinente.

258. Xenófanes de Colofon (*circa* 570-475 a.C.), poeta e filósofo da escola eleata.

259. Povo que habitava a primitiva região a oeste da Macedônia.

ARISTÓTELES | 89

5 · não devemos nos limitar a examinar se a ação em si ou o discurso
em si é bom ou mau, mas examinar inclusive a pessoa que realizou
a ação ou que falou, a quem foi dirigida sua ação ou sua palavra,
quando o fez, com que meios e visando a quais resultados, a saber,
se para produzir um bem maior ou se para evitar um mal maior.
Deve-se responder a certas críticas fazendo-se referência à
elocução, por exemplo, mediante o emprego de um termo diale-
10 · tal numa passagem como οὐρῆας μὲν πρῶτον[260] talvez o poeta
não queira dizer os mulos, mas os guardas. E no caso de Dólon,[261]
"cujo *aspecto exterior*[262] era ruim,"[263] talvez o poeta não queira di-
zer que seu corpo era desproporcional, mas que seu rosto era feio,
15 · visto que os cretenses denominam a beleza do rosto εὐειδὲς
(*eueidès*). E ζωρότερον δὲ κέραιε[264] pode não envolver vinho
puro, como aquele para os beberrões,[265] mas sim misturar mais
depressa. Outras expressões são metafóricas, como πάντες μέν ῥα
θεοί τε καὶ ἀνέρες εὗδον παννύχιοι[266] e, contudo, ele diz também

---

260. ...*ourêas mèn prôton*..., primeiramente contra os mulos, Homero, *Ilíada*,
I, 50. Aristóteles cita parte do verso.

261. Um troiano.

262. ...εἶδος... (*eîdos*).

263. *Ilíada*, X, 316 (verso parcial).

264. ...*zōróteron dè kéraie*..., mistura-o [isto é, o vinho] mais forte, *Ilíada*, IX,
203 (verso parcial).

265. Os antigos gregos não costumavam beber vinho puro, mas diluído na água.

266. ...*pántes mén rha theoí te kaì anéres eûdon pannýchioi*..., todos, deuses e ho-
mens, dormiam a noite inteira. Mas Dübner, Bussemaker e Heitz: ἄλλοι
μέν ῥα θεοί τε καὶ ἀνέρες εὗδον παννύχιοι (...*álloi mén rha theoí te kaì
anéres eûdon pannýchioi*..., os outros, deuses e homens, dormiam a noite in-
teira). Ambas essas versões não reproduzem integralmente os dois primeiros
versos de Homero na *Ilíada*, Canto II que conhecemos, transcritos abaixo:
Ἄλλοι μέν ῥα θεοί τε καὶ ἀνέρες ἱπποκορυσταὶ (*álloi mén rha theoí
te kaì anéres hippokorystaí*)
Εὗδον παννύχιοι, Δία δ᾽ οὐκ ἔχε νήδυμος ὕπνος (*heûdon pannýchioi,
Día d᾽ ouk éche nēdymos hýpnos*)
(Outros deuses e homens, que combatem em biga [ou a cavalo],
Dormiam a noite toda. Somente Zeus não fruía do doce sono;)

90 | POÉTICA

ἤ τοι ὅτ᾽ ἐς πεδίον τὸ Τρωικὸν ἀθρήσειεν, αὐλῶν συρίγγων τε

20 · ὅμαδον.[267] Todos[268] foi dito metaforicamente em lugar de muitos,[269] porquanto *todos* é um tipo de multiplicidade. Igualmente "a única privada",[270] uma vez que aquilo que é o mais conhecido é o que é único. É possível que se trate de acentuação, e assim respondia Hípias de Tasos[271] à crítica acerca de δίδομεν δέ οἱ εὖχος ἀρέσθαι[272] e de τὸ μὲν οὖ καταπύθεται ὄμβρῳ[273]. Outros problemas são solucionados por meio de pontuação, como constatamos em Empédocles em "Logo se tornou mortal o que antes conhecera a imortalidade, e o antes puro

25 · foi misturado".[274] Em outras ocasiões trata-se de anfibologia, como em παρῴχηκεν δὲ πλέω [275] νύξ,[276] visto que ...πλείω... (*pleíō*) tem duplo

---

267. *...ê toi hót' pedíon tò Trōikòn athrḗseien, aulôn syríngōn te hómadon...*, toda vez que ele fitava a planície troiana, pasmava-se com o ruído de flautas pastoris e flautas de Pan... (*Ilíada*, X, 11, 12, 13). A citação de Aristóteles é parcial.

268. ...πάντες... (*pántes*).

269. ...πολλοί... (*polloí*).

270. *Ilíada*, XVIII, 489; *Odisseia*, V, 275. Citação bastante parcial de Aristóteles.

271. Desconhecemos a quem Aristóteles se refere.

272. *...dídomen dé hoi eûchos arésthai...*, concedemo-lhe ter sua glória granjeada. Verso citado parcialmente (*Ilíada*, XXI, 297) e em Homero é τοι (*toi*).

273. *...tò mèn hoû katapýthetai ómbrōi...*, que *não* é apodrecido pela chuva (alternativamente: que *lá* é apodrecido pela chuva), dependendo da acentuação do ditongo ου (*ou*). Na *Ilíada*, XXIII, 328: ...que *não* é apodrecido pela chuva..., verso parcial.

274. *...aîpsa dè thnḗt' ephýonto tà prìn máthon athánat' eînai, zōrá te prìn kékrēto...* (*aîpsa dè thnḗt' ephýonto tà prìn máthon athánat' eînai, zōrá te prìn kékrēto*), fragm. 35, Diels-Kranz, mas os helenistas divergem quanto ao texto e mesmo quanto à própria posição da vírgula, que é a questão mencionada por Aristóteles. O texto de Dübner, Bussemaker e Heitz é: αἶψα δὲ θνήτ᾽ ἐφύοντο, τὰ πρὶν μάθον ἀθάνατα ζωά τε πρὶν κέκριτο (*aîpsa dè thnḗt' ephýonto, tà prìn máthon athánata zōá te prìn kékrito*). No fragmento há duas vírgulas, uma após *ephýonto* e outra após *eînai*. De qualquer modo, o sentido muda se deslocarmos a vírgula para após *tà prìn*(antes).

275. Dübner, Bussemaker e Heitz: πλέων (*pléōn*).

276. *...parṓichēken dè pléō nýx...*, a noite passou de mais dos dois terços, *Ilíada*, X, 252-253, citação parcial.

ARISTÓTELES | 91

sentido.[277] Outras situações envolvem o uso da elocução. Chamamos o vinho de vinho ainda que misturado; o mesmo acontece com a frase "uma greva de estanho novamente forjado".[278] E tal como chamamos aqueles que trabalham com ferro de "bronzeiros",[279] também Ganimedes pode ser chamado de aquele que "serve o vinho a Zeus",[280] quando
30 · os deuses não bebem vinho. Esse último caso pode também ser um exemplo de metáfora.

Toda vez que uma palavra parece acarretar uma contradição no que se refere ao sentido, deve-se examinar quantos sentidos ela pode ter na passagem em questão, por exemplo, em "pelo que a lança de bronze foi detida",[281] examinar em quantos sentidos são possíveis admitir que a lança foi detida, optando pela melhor alternativa; isso
35 · corresponde ao contrário do que é dito por Gláucon,[282] ou seja, que
1461b1 · algumas pessoas partem de uma pressuposição irracional, respaldam suas inferências em seu pré-julgamento e, na hipótese de algo contrariar sua opinião, responsabilizam o poeta, como se ele houvesse dito o que elas apenas supõem. É o que acontece precisamente no que se refere a Icário: as pessoas julgam que ele era da Lacônia, sendo assim
5 · absurdo Telêmaco não encontrá-lo quando se dirigiu a Lacedemô-

---

277. Πλέων (*pléōn*) pode significar metade ou dois terços da noite.

278. *Ilíada*, XXI, 592-593. Citação parcial.

279. ...χαλκέας... ἐργαζομένους... (*chalkéas... ergazoménous...*): a não paridade das línguas aqui é patente, pois no português, embora ocorra o mesmo fenômeno de elocução, ocorre ao contrário: chamamos de *ferreiro* genericamente aquele que trabalha com outros metais além do ferro, o que pode incluir o bronze.

280. Homero, *Ilíada*, XX, 235, citação parcial do verso.

281. ...τῇ ῥ᾽ ἔσχετο χάλκεον ἔγχος... (*têi rh᾽ éscheto chálkeon énchos*), citação parcial de Homero, *Ilíada*, XX, 272.

282. A rigor, não temos como identificar essa pessoa. *Possivelmente* Gláucon de Régio, autor de um tratado de crítica poética. Ver Platão, *Ion*, 530d (presente em Platão, Obras Completas, vol. VI, *Clássicos Edipro*).

92 | POÉTICA

nia.[283] Mas talvez seja como afirmam os cefalenianos,[284] que declaram
que Odisseu veio tomar uma esposa junto a eles[285] e que o nome do
pai dela era Icádio e não Icário. Parece provável esse problema ter
nascido de um erro. Geralmente, o impossível é justificado pelas ne-
10 · cessidades da poesia, pelo melhor ou pela opinião ordinária. Quanto
às necessidades da poesia, é preferível o impossível plausível ao possível
implausível, {*porém*}[286] as pessoas são como Zeuxis as retrata; quanto
ao melhor, o que se pretende que sirva de modelo deve ser de nível
superior. As irracionalidades podem ser reportadas à opinião ordi-
nária, podendo também alegar-se que às vezes não são irracionais,
15 · posto ser provável a ocorrência de coisas improváveis. Contradições
devem ser examinadas como se o faz com refutações no argumento,
a fim de apurar se o que se quer dizer é o mesmo, na mesma relação e
no mesmo aspecto, de modo que o próprio poeta venha a contradizer
ou seu próprio discurso ou o que uma pessoa inteligente assumiria.
A crítica, porém, tanto da irracionalidade quanto da perversidade é
correta quando são desnecessárias e o irracional não atinge propósito
20 · algum, como ocorre com Egeu em Eurípides,[287] ou a perversidade,
como a de Menelau em *Orestes*.[288] Assim, as críticas feitas pelas pessoas
são de cinco espécies: que alguma coisa é impossível, ou irracional, ou
danosa, ou contraditória, ou contrária ao que é correto conforme os
padrões da arte. As soluções devem ser procuradas nos casos enume-
25 · rados, que são em número de doze.

---

283. Esparta. Cf. Homero, *Odisseia*, I, 276-329.

284. Habitantes de Cefalênia, ilha no mar Jônico, a sudoeste de Ítaca, ilha onde
Odisseu era rei. O termo *cefalenianas* também se aplica genericamente às
ilhas dessa região, como a própria Ítaca, Zaquintos, Dulíquion etc.

285. Ou seja, Penélope.

286. { } Kassel indica uma lacuna aqui.

287. *Medeia*, 663 e segs.

288. Eurípides, *Orestes*, 356 e segs., 1554 e segs.

ARISTÓTELES | 93

26[289]

PODER-SE-IA INDAGAR QUAL FORMA de imitação é superior, se a épica ou a trágica. Se a menos vulgar é a superior, e se essa é sempre a que se dirige a um público superior, está claro que a forma que imita tudo é vulgar. Nesse caso, acreditando-se que o público nada percebe, a não ser o que é enfaticamente acrescido pelos atores, es-
30 · tes se empenham em produzir múltiplos movimentos, como esses grosseiros flautistas que se põem a girar a fim de imitar o arremesso de um disco, e a ferir o condutor do coro se a música deles tem a ver com Cila.[290] Diz-se ser a tragédia esse tipo de arte, como os atores posteriores eram vistos por seus predecessores: foi devido a um estilo forçado que Minisco chamava Calípides de macaco, idêntica
35 · opinião tendo sido também ventilada com relação a Píndaro.[291] O que são os atores posteriores para os seus predecessores, é o que
1462a1 · é a arte trágica como um todo para a epopeia. O que se diz é que essa última é dirigida a um público cultivado que dispensa gestos, enquanto a tragédia é para o público ordinário. Se, nesse caso, a tragédia é vulgar, é óbvio que é inferior. Ora, para começar, essa
5 · acusação é feita à arte da interpretação[292] e não à poética, visto que se pode exagerar nos sinais tanto num épico, como em Sosistrato, quanto numa rapsódia, como costumava fazer Mnasiteu de Oponto;[293] em segundo lugar, não se deve repudiar como inconvenientes todo movimento, bem como toda dança, mas apenas aqueles dos maus atores, como é o caso da queixa endereçada a Calípides e,

---

289. Dübner, Bussemaker e Heitz iniciam aqui o capítulo 27.

290. Ver 1454a30 e nota pertinente.

291. Atores famosos: Minisco (floresceu entre o fim do século V e o começo do século IV a.C.) se especializou em peças de Ésquilo; Calípides (fim do século V); sobre Píndaro nada mais sabemos e não devemos confundi-lo com seu célebre homônimo Píndaro de Tebas, poeta lírico.

292. ...ὑποκριτικῆς... (*hypokritikês*), a rigor, arte da interpretação *cômica*.

293. Um e outro nos são desconhecidos.

94 | POÉTICA

10 · atualmente, a outros atores, porque representam *escravas*.[294] Convém acrescentar que a tragédia produz seu efeito mesmo na ausência dos movimentos dos atores, tal como a epopeia. A recitação evidencia suas qualidades. Assim, se ela é superior em todo o resto, não é imprescindível que seja superior nesse aspecto. Ademais, possui todos os recursos do épico (pode, inclusive, empregar sua 15 · métrica), bem como tem um papel que não é inexpressivo no que toca à música[295] e ao espetáculo, o que gera o mais vívido prazer. Por outro lado, a tragédia apresenta clareza e vivacidade, quer na recitação, quer na representação. É de se acrescer também que a tragédia é superior pelo fato de atingir a meta de sua imitação (num espaço menor; a maior concentração produz mais prazer do que a diluição 1462b1 · num longo período; para entender o que quero dizer basta supor alguém organizando o *Édipo* de Sófocles em tantos hexâmetros quanto a *Ilíada*). Por outro lado, há menos unidade na imitação dos poetas épicos (isso é indicado pelo fato de qualquer imitação épica 5 · render várias tragédias), de tal modo que se compõem uma só narrativa, parecerá ou truncada – no caso de uma exposição breve –, ou diluída – no caso de compatibilizar-se com a extensão adequada à métrica do épico. Nesse último caso, refiro-me a uma obra constituída por múltiplas ações, como acontece com a *Ilíada* e a *Odisseia*, que possuem muitas partes com esse perfil, dotadas de uma extensão particular, o que não impede que esses poemas tenham 10 · a melhor estrutura possível, aproximando-se o máximo possível da imitação de uma única ação. Se, então, a tragédia é superior em todos esses aspectos, bem como no efeito de sua arte (uma vez que essas duas formas poéticas não devem produzir nenhum prazer ordinário, mas aquele que foi indicado), é evidente que, atingindo 15 · melhor a sua meta, é superior à epopeia.

---

294. ...οὐκ ἐλευθέρας γυναῖκας... (*ouk eleuthéras gynaîkas*), literalmente *mulheres não livres*.

295. ...μουσικήν... (*mousikén*) deve ser entendida aqui mais restritamente como a soma de melodia e poesia lírica.

E isso constitui uma discussão suficiente no que diz respeito à tragédia, à epopeia, à natureza delas, suas espécies, seus distintos componentes, as causas de serem boas ou não e as críticas de que são objeto, bem como as soluções em resposta a essas críticas.

Este livro foi impresso pela BMF Gráfica e Editora
em fonte Garamond Premier Pro sobre papel Pólen Bold 90 g/m^2
para a Edipro no inverno de 2023.